ナトセン NO CINEMA NO LIFE おすすめ

シニア映画館

名取弘文編

子どもの未来社

おさそい

　きっかけは私のかかりつけの内科医だった。血圧、尿酸、心臓と年齢とともにいろいろ診てもらっているのだが、なぜか映画の話になった。医師は私より少し上だが、岩波ホールに行って『ハンナ・アーレント』などを観たとおっしゃる。そこで『ナトセンおすすめ　YA 映画館』を差し上げた。パラパラと見てくれたのかと思っていたのだが、ご自身が脊髄狭窄症の手術で入院されたとき、「全部読んだよ」とおっしゃる。恐縮してしまった。先日「私の１本はなんですか」と伺うと、すぐ『天井桟敷の人々』、「戦争中に撮っていたそうだ」とおっしゃる。シニアにも映画好きは多い。

　そう、人にはそれぞれ気に入りの映画がある。忘れられない作品がある。作品そのものが良かったのは当然だが、自分史に関わることもあれば、社会的状況に関わることもある。他人には言えないこともあるだろう。お互い齢を重ねた今、気に入りの映画のことを書いておいたらどうだろう。

　そこで、知人友人に声をかけた。私も参考になればと 100 本ほどのリストを作り、依頼状に添えた。おすすめ作品が重なったら調整すればいい。

　重なったのは、私と野上暁さんで『アルジェの戦い』『ミツバチのささやき』、私とハチさんで『モアナ』、私とビンジさんで『ちむぐりさ』、フカさんと nori さんで『タクシー運転手』ぐらいであった。人いろいろなのだ。

　映画の話は増殖する。誘ったときは映画のことは書かないと言っていた Sora さんは、途中から高岩仁のシリーズをまとめて書くことになる。『金子文子と朴烈（パクヨル）』『エロス＋虐殺』が触媒になったのかリエさんは『100 年の谺』を書きたい、さらに『マルモイ』も書くと言い出す。ケイさんも『タリナイ』を書き加えたいと言ってきたが、もういっぱいと断った。私も『アイヌモシリ』を『イヨマンテ』に書き足し、『ダーク　ブロッド』『みをつくし料理帖』も加えたかったのだけれど、百本の予定がオーバーして百余本となった。

　この本のキャッチコピーを考えた。

　読んだら観た気になれます！　読んだら観ずにはいられない！

　皆さんのお気に入りがありますように。

2

目 次

目　次

5 命を輝かせるアートは大事

6 レジスタンス　たとえばワイダ

7 熱中しました　剣と任侠

光り輝く子どもと
時代の影

二十四の瞳

美しい小島を舞台に戦時下の
女教師の苦悩が
平和への願いを伝える。

木下惠介監督作品
1954年　日本　154分

物語　　タイトルバックに「仰げば尊し」のメロディーが流れ、瀬戸
内海の小豆島が舞台であることが紹介されて、テロップから時
代背景が昭和初年代だとわかるのだ。岬の分教場に赴任した新米女教師
の大石先生は、自転車に乗り洋装姿で登校することから、島人からは奇
異な眼差しに晒される。彼女は小学1年生12人の担任となり、田舎の
古い慣習に苦労しながらも、次第に子どもたちに親しまれていく。とこ
ろが子どもたちが作った落とし穴に落ち、足を痛めて家で療養すること
になる。先生に会いたい一心の子どもたちが、遠い道のりを泣きながら
見舞いに行くバックに「七つの子」のメロディーがかぶり感涙を誘う。

　通学が難しくなった先生は、本校に転勤する。5年生になった子ども
たちは本校に通うことになり、船乗りと結婚した大石先生と再会する。
思想統制が厳しくなり、同僚がアカだと官憲に引っ張られ、それに疑念
を抱いた先生は、教え子たちの卒業とともに教師を辞めるのだ。

　太平洋戦争が始まり、3児の母となった大石先生の夫も応召。教え子
たちも次々と出征するが、夫は戦死し、教え子たちの半数も帰らぬ人と
なる。先生は、母親と末娘も相次いで亡くしてしまうのだ。

　戦争も終わり、大石先生はまた分教場に戻る。教え子の中には昔の教
え子の子もいて、名前を読み上げるだけで泣いてしまう。そんな中、か
つての教え子たちが先生を囲む同窓会を開く。戦争で失明した男子が1
年生のときの記念写真を指差しながら全員の名前を言う場面がまた涙を

誘う。教え子たちから真新しい自転車を贈られた先生は、その自転車に乗って分教場に向かうのだ。

解説　原作となった壺井栄の「二十四の瞳」は、1952年2月から11月までキリスト教の雑誌「ニュー・エイジ」に連載され、同年12月に光文社から刊行されて、戦争の悲惨さを伝える戦後児童文学の傑作と言われた作品である。

監督の木下惠介は、戦時中に火野葦平の同名の小説を原作に『陸軍』をつくり、国策の戦意高揚映画でありながら、細部の描写が意図に反すると情報局に睨まれた。戦後は『大曾根家の朝』（1946年）で、キネマ旬報ベストワンに選ばれたほか、『破戒』（1948年）、『日本の悲劇』（1953年）などで監督賞や脚本を受賞している当時の人気監督である。

国産初の天然色映画として映画史に残る『カルメン故郷に帰る』（1951年）で、高峰秀子がヒロインに起用されたのに続き、大石先生役は高峰の木下作品二作目となる。

物語が始まる昭和3年（1928年）は、2月に普通選挙法が実施され、3月には治安維持法で共産党関係者が大量逮捕された3・15事件が起こる。その年の4月、女学校の師範科を卒業したばかりの大石先生が分教場に赴任するのだ。昭和大恐慌、満州事変、上海事変、そして日中戦争から太平洋戦争へと、戦争にのめり込んで行き、教育現場でも忠君愛国と戦意高揚が強いられていく時代を背景に物語は進行する。

音楽を担当した木下忠治は、「七つの子」「村のかじ屋」などの童謡や「ふるさと」「おぼろ月夜」などの小学唱歌をロングショットの場面に巧妙に挟み込み情感を盛り上げる。

映画が封切られたのは、敗戦から9年目の9月で、戦時下の記憶は鮮明に残っていた。3月には第五福竜丸事件が起き、6月には自衛隊が発足し、反戦平和の願いも広がりつつあった。世代を超えて日本中を泣かせたというこの映画は、作品的にも高く評価されて同年度のキネマ旬報ベストワンに輝いた。（野上暁）

しいのみ学園

小児マヒ児が差別される中、
希望の学園ができた。

清水宏監督作品
1955年　日本　99分

　　　　大学教授をしていた山本三郎（宇野重吉）には2人の息子が
いたが、2人とも小児マヒに冒されて足が不自由だった。

　長男の有道（河原崎建三）は、学校でビッコとからかわれ仲間外れ
にされた。

　次男の照彦（岩下亮）も同じ目にあうことを怖れた山本は、照彦を
就学猶予にしようかと考えるほど悩んでいた。

　そんな山本は、長男と妻の文子の提案を受けて、先祖代々伝わる書
画骨董ばかりか山林土地までを手放して資金を作り、小児マヒの子ど
もたちのための学校「しいのみ学園」を創ることを決意する。

　山本の教え子の渥美かよ子（香川京子）は、小児マヒのため学校を
休学している妹を入れてほしいと頼み、自分も学園で教師を志願した。

　学園の教育方針は子どもたちの劣等感をぬぐい、のびのびさせるこ
と、手足が不自由でも自分のことは自分でやれるように訓練すること、
さらに仲間同士で助け合うことだった。

　ある日、小児マヒの子を連れて遠方から来た夫妻が、この子を預か
ってほしいと言う。子捨て同然の感覚で来た夫妻が許せなくて、いっ
たんは断ったが、子どもに罪はないと思い直して受け入れた。

　体が弱くて1人ぽつんとしていたその子は、学園の生活に慣れるに
従って明るくなり、お父さんにそれを手紙で知らせるが返事がない。

　先天性心臓奇形で重態になったその子が、「手紙、手紙」と譫言を言い、

かよ子は自分で手紙を書く。その子は父からの手紙と思い、喜びながら死んでいく。

解説　多くの人を感動させてきた映画だが、私はこの映画を中学校の映画教室で見たとき、「ふーん、そういうものかなあ」という程度の印象しか残っていない。今見ると不思議ふしぎ、涙が止まらないほどの感動でとまどった。

原作は山本三郎の実録『しいのみ学園』（鱒書房、1954 年）。専門は心理学だが、その知見を生かして「障害児教育」に関わる。教育についていくつか示唆に富むセリフが流れる。

たとえば、①教育とは人を教え込むことではなくて、一人ひとりの子が持つ能力を引き出してやることだ、②子どもはかわいいというだけで充分親孝行をしているんだよ、③子どもの指導方法は子どもが教えてくれる。

こういう姿勢で子どもに接する 3 人の先生と子どもたちの、のどかな雰囲気が心地よい。

しいのみ学園はその後の日本における「障害児教育」の先駆けとして、養護学校や特別支援学校のモデルとなったことはよく知られている。さらには、医師などの医療者と、教員が同じ建物の中で連携して治療と教育を進める「療護」という形も作られた。

ただし、映画は 65 年前のことだから、「障害児」に対する医師、親、世間の考え方や言葉遣いにかなりの違和感が出るのはしかたがないだろう。

じわーっと感動させる作り方は、清水宏監督の名作『有りがたうさん』（1936 年）と共通するものがある。（ケイ）

夜間もやってる保育園

制度や数字からだけでは
知ることのできない豊かな現実。

大宮浩一監督作品
2017年　日本　111分

　　　この映画の舞台になっているのは、新宿の大久保にある私立認可保育園「エイビイシイ保育園」、24時間保育園だ。地下鉄東新宿駅の近く、ここから歌舞伎町まで歩いて5分だ。

　昼間だけでなく、夜や早朝にも様々な活動が行われている地域だ。保育を必要としている子どもたちが新宿にはいる。

　新宿区で24時間保育を行うことは重要だ。母親の中には夜の仕事を抱えている人もいる。生活のためダブルワークで働く母親もいる。夜、働かなければならない親がいれば、そこには夜、保育が必要な子どもたちがいる。そんな働く親たちにとって、24時間保育を行う保育園はありがたい。

　実は私の退職前の職場はこの近くの小学校だった。私の教えた子どもたちの何人かは、卒園後の学童保育としてここでお世話になっていた。

　Aさんの母親はバーのママ。仕事が終わり、店を片づけて帰宅するのが午前4時。Aさんは平日、母親といっしょに夜寝たことがない。母親は夕方、Aさんを「エイビイシイ保育園」に預け仕事に出かける。Aさんは保育園で夕食を頂き、風呂に入れてもらい寝る。母親は翌朝6時に保育園にAさんをお迎えに行く。そして帰宅し、母子いっしょに朝食を取る。Aさんを学校に送り出した後、母親は寝る。Aさんは小さい頃から小学校2年生までそういう生活をしてきた。

　Bさんの母親はダブルワークだ。夜中にバイトの中華料理店の仕事が終わると迎えに来て、寝ているBさんをおぶって帰宅する生活だ。

　Cさんの母親は国家公務員。国会があるときは答弁書の準備など、仕事が夜中まで続くことが多いそうだ。そんなとき24時間保育園はありがたいという。

　この保育園は独自の方針がある。まず、完全オーガニックの給食だ。野菜農家に行き、給食で使う無農薬野菜を農家の方々と交流しながら使う。また、多動的な子どもたちへの療育プログラムを行っている。絵を描きながら子どもたちの心の安らぎを捜している。私の知り合いはこのプログラムで教えている。多動的な子どもたちだけでなく、健常といわれている子どもたちといっしょに授業を受けるのは良いことだ。

　新宿区は多文化共生の街だ。いろいろな国の子どもたちも多い。新宿区内の外国人の子どもたちは40％が外国籍だ。近くのA小学校は60％が外国籍の子どもたちだ。この辺りの学校の学校便りは6カ国語で発行されている。日本語、英語、中国語、韓国語、フィリピン語（タガログ語）、ベトナム語などだ。

　かつてこの辺りはコリアンタウンとして有名だった。しかし今はミャンマー、ベトナム、ネパールの子どもたちが増えている。もちろん韓国や中国の子どもたちも多い。そんな子どもたちも「エイビイシイ保育園」に通ってくる。

　映画では、片野清美園長の生き方も紹介されている。彼女の生き様もすごい。離婚して、九州の家族を捨てて東京にやってきたそうだ。自分の夫だけでなく子どもたちも捨ててきたという。そこから試行錯誤で生きてきた。そして、この保育園を立ち上げたそうだ。

　この映画では、「エイビイシイ保育園」だけでなく全国の保育園も取材している。玉の子夜間保育園、すいせい保育所、エンジェル児童療育教室、たいよう保育園、魚住農園などの日本の夜間保育園には幾つもの24時間保育園がある。

　この映画には夜間保育の現場で働く保育士さんたちの葛藤や喜びがあふれている。「保育園は子どもたちにとって最後の砦。本当に困っている子や保護者を助ける」と言う片野清美園長の言葉は重い。（フカ）

ポネット

死を受けいれられない
少女がいとしい。

ジャック・ドワイヨン監督作品
1996年　フランス（フランス語）
日本公開1997年　97分

物語　　ギプスをつけた左手。少女ポネット（ヴィクトワール・ティ
ヴィソル）がベッドに横たわっている。ママが運転する車が事
故を起こし、ママは死に、ポネットは腕を折った。

パパ（グザヴィエ・ボーヴォワ）はママのことを悪く言うがポネット
はかばう。

葬儀で年上のいとこが「棺にいちばん大事にしているものを入れる」
と言って、ポネットの人形のヨヨットを棺に入れてしまう。蓋が閉まる
瞬間に誰かがヨヨットを取り出してポネットに返してくれる。

葬儀が済むと、ポネットは田舎に住むおばさんの家に預けられる。パ
パはリヨンに仕事のため帰ってしまう。おばさんは芸術家で家で仕事を
している。ポネットがさみしがらないようにしてくれる。いとこのデル
フィーヌとマチアスも遊びに誘ってくれる。だけど、ポネットは人形を
持ったままひとりで考えごとをしている。ポネットにはママの死がわか
らない。ポネットはママが戻ってくるのを待っているのだ。

おばさんはそんなポネットに「ママはイエス様がいる天国で生きてい
るのよ」と言うのだけれど、ポネットは「ママはあたしといっしょにい
たかったのに」と言う。託児所に行くと、神様と話せるとうわさされて
いる女の子がいる。ポネットはその技を教えてもらおうとしたり、礼拝
室に忍びこんだりする。

ある日、ポネットはママの墓に行く。

解説　ポネットは4歳。突然のママの死がわからない。ひとりじゃあさみしいだろうと、パパはポネットのギプスに犬の絵を描いてくれるのだけど、ポネットは笑いもしない。パパにしてもママの死が納得できないのだから、ポネットに説明できないのは当然だろう。

いつも遠くを見つめているようなポネットにおばさんは困って「イエス様は死んだあとによみがえった。ママも戻ってくる」とポネットに言う。おばさんは本当にそう信じているのだろうか。でも、ポネットはおばさんの説明を信じてしまう。

4歳の子に死とは何か。死と生を理解させるのは難しい。不条理。哲学。宗教。そんな言葉が脳裏をかすめる。4歳でなく、後期高齢者になった私だって十分に理解できていない。

パパはポネットのかたくなさに、ときにいら立つかのように振るまう。そうするより術がないのだろうか。

ラジオの「テレフォン人生相談」のチーフディレクターの伊藤了子さんのインタビュー記事（「相鉄瓦版」2020年4月）を読んだ。30代の父親から「子どもから『ママ、いないね』と聞かれてどう答えていいかわからない」と相談があった。回答者は涙ながらに「お子さんといっしょに泣いて、いっしょに寝て…1日1日を重ねていってください」とアドバイスをした。相談者も泣きながら「わかりました」と電話を切ったとある。

子どもといっしょに暮らせないパパの切なさやいかばかりだろう。

フランス映画『禁じられた遊び』の少女は爆撃で父と母を一瞬に失ってしまう。見知らぬ家で世話になる。その家の子と動物の墓を作るために十字架を盗むという話だ。

ママの死が納得できないポネットを演じたヴィクトワール・ティヴィソルは当時4歳。1996年のヴェネチア映画祭女優賞を受けている。もちろん、史上最年少だ。

日本での上映は渋谷のル・シネマ。33週間のロングランであった。

（ナト）

汚れなき悪戯（いたずら）

12人の修道士が育てた子どもは、
なぜ生き延びられなかったのだろう。

ラディスラオ・バハダ監督作品
1955年　スペイン　日本公開1957年　87分

物語　　19世紀前半、フランス軍に破壊された丘に修道院が再建される。そこに12人の修道士たちが暮らすようになり、ある朝、門前に赤ん坊が置き去られる。神父たちはその子を「マルセリーノ」と名付け、自分たちで育てることにする。

　12人の「父親」に愛され、5歳になったマルセリーノは、同年代の友だちがいないので架空の少年に語りかけるようになり、他愛のない悪戯をしては修道士たちを困らせる。修道院の2階には恐ろしい鬼がいるから行ってはいけないと言われると、かえって好奇心が湧きあがり、階段をのぼった奥の部屋で大きな十字架にかかったキリスト像を見つける。痩せて空腹そうなので、台所からパンやワインを盗んで与え、痛そうだからと茨の冠をとってやると、像は動いて語りかける。キリストは「パンとワインのマルセリーノ」という名前を与え、願いをかなえようと申し出る。マルセリーノは「おかあさんに会いたい、今すぐに」と答える。像は少年を膝に抱き眠らせた。修道士たちは輝く光のなかで微笑みを浮かべて死んでいるマルセリーノを見つける。その後、礼拝堂には奇跡のキリスト像が祀られ、一角にマルセリーノが葬られ、毎年聖マルセリーノ祭が開かれるようになる。

解説　　映画といっしょに主題歌の「マルセリーノの唄」（飯塚広訳詞）も日本で大ヒット、私も音楽の授業で習ったので、「おはようマ

ルセリーノ、お目々をさませ〜」と今でも歌える。

　主演のパブリート・カルボは 1955 年のカンヌ国際映画祭で特別子役賞を受賞、原作は 1968 年に国際アンデルセン賞を受賞したホセ・マリオ・サンチェス・シルヴァの小説（1952 年）だ。

　「おまえの 1 日と魂は 12 人の修道士が守っている」と歌われ、修道士たちが子育てに奮闘する真摯な姿は愛情に溢れ、思わず顔が緩む。けれど同世代の友だちのいないマルセリーノには孤独が募り、架空の友だちマヌエルに話しかけるようになる。悪戯も加速する。修道士たちにはそれをうまく抑えることができず、町でも大騒動を起こしてしまう。

　「誰にでも母親がいる」、そして自分の母親は天国にいると教えられたマルセリーノは、キリストに一番の望みを伝えたために天国に召されてしまうのだ。この連鎖をどこかで止められなかったものだろうか、と思わず考えてしまう。オープニングは「聖マルセリーノ祭」の日で、病気で祭りに行かれない少女に、神父がこの祭りがどうしてできたかを話し始めることから考えると、幼い子どもを亡くした人々に対する、宗教上の救済がこの映画には込められているのかもしれない。ならばこの結末は避けられないのだが……。

　19 世紀のイギリスでも子どもの死亡率が高かったので、キリストの教えを幼い子どもたちに伝えるために、子どもの文学が発達したと言われる。日本でも幼い子どもが病気で多く死んだ時代があり、「七歳までは神のうち」という言葉がある。

　マルセリーノが様々な質問を修道士にしていくなかで、「月はなぜ満ち欠けするの？」には、「それは見かけの問題で、位置で見かけが変わるんだ」と科学的な説明を返すのに、「母は天国にいる」と迷いなく答える修道士。原題は「Marcelino Pan y Vino（パンとワインのマルセリーノ）」で、邦題の「汚れなき悪戯」は子どもの純粋さに視点がある。その純粋さからマルセリーノが神に召される場面は胸打たれるのだが、「生き延びさせる道はどこかにあったろう」と、やはり考えてしまうのだ。

（リエ）

ミツバチのささやき

スペイン戦争の余燼（よじん）が残る時代、
幼い少女の通過儀礼的な幻想を
詩的に描く。

ビクトル・エリセ監督
1973年　スペイン　日本公開1985年　99分

物語　　1940年ごろのスペイン中部、カスティーリャ高原の小さな村の公民館の脇道から、車のクラクションとともに子どもたちの歓声が聞こえる。トラックに運ばれた巡回映画が回って来たのだ。公民館で上映される映画は、怪奇映画の傑作『フランケンシュタイン』だ。目を皿のようにして画面に見入るアナとイサベルの姉妹。フランケンにヒナギクの花を摘んで渡すメアリーや、殺されたメアリーを抱きかかえて街中を歩く父親がスクリーンに映し出される。食い入るように見ていた幼いアナが、姉のイサベルに「なぜ殺したの？」と聞くが、姉は「あとで教えたげる」と言って答えない。養蜂とミツバチの研究に没頭する姉妹の父。内戦で離別したかつての同志だか恋人だかに届く当てのない手紙を書き続ける母親。妹は、夜ベッドの中で姉にさっきの質問を繰り返す。フランケンは怪物ではなく精霊で、死んだのではなく、村はずれの井戸のある一軒家に住んでいると姉は妹に教える。そして、目を閉じて「私はアナよ」と彼を呼ぶと、出てきて友だちになれるというのだ。アナはそれを信じて、夜中に一人で一軒家に行くと、そこに列車から飛び降りて逃亡した、脱走兵か反フランコ軍の生き残り兵が傷ついて隠れていた。アナは、正体不明のその男の傷の手当てをし、家から衣類や食料を運ぶ。しかし、逃亡兵（アナにとってのフランケンシュタイン）は隠れ家を発見されて銃殺され、公民館のスクリーンの前に毛布を掛けられた遺体となって横たわる。アナの母親は書いたばかりで切手も貼って

ある手紙を暖炉で燃やす。アナは夜の森を一人でさまよい、フランケンと出会う。翌朝、村人たちが、崩れ掛けた城壁の陰に倒れている彼女を発見し家に連れ帰る。アナの小さな手がコップを持ち、一生懸命水を飲む。小さなベランダで月明かりに佇むアナに、エンドマークがかぶる。

解説　監督のビクトル・エリセは、人民戦線政府とフランコ将軍率いる反乱軍が戦ったスペイン戦争がフランコ側の勝利に終わった翌年の 1940 年生まれた。そしてこの作品は、1940 年頃のスペイン中部カスティーリャ高原の小さな村を舞台にしている。戦争そのものについては直接触れてはいないが、母親が書き続ける手紙の、相手の無事を祈る文面や、アナが差し入れする銃殺された脱走兵から、戦争の余燼がくすぶり続けていた時代であることがわかる。監督はこの映画のモチーフについて「あらゆる神秘的体験のうちで最も重要なのは、幻影（ファンタズム）の姿が露になる瞬間、通過儀礼（イニシエーション）の瞬間なのであり、僕はそれに身を任せることにした」と述べている。さらに、「スペイン戦争のような内戦の直後に生まれた人間は様々な重要な面で、あの空虚感、真空状態を遺産として受け継いでいる」といい、「自分の一番本質的な表現方法を根本的に奪われて自分の中に閉じこもってしまった——自分の中へ亡命してしまった人たち」と、内戦後の生き残り世代を見ている。それは作中の姉妹の両親に象徴的に投影されている。フランケンがなぜメアリーを殺さなければならなかったのかというアナの疑問を起点に、幼い彼女の心の旅が始まる。フランケンとダブルイメージした逃亡兵の死は、アナの大きく見開かれた瞳の奥に深い悲しみとなって沈殿し、大人が作り上げている世界との言い知れぬ疎隔感となる。

養蜂箱のささやくようなミツバチの羽音をバックに、緩やかに死に向かう凍結した大人たちの生と、休眠状態の蛹が羽化する瞬間の生命エネルギーさながらに、少女たちの通過儀礼としての神話的ともいえる幻想的想像力を詩的に描き出し、子ども時代の濃密で豊饒な時間感覚を見るものによみがえらせるのだ。（野上暁）

シベールの日曜日

父に捨てられた少女と記憶喪失の青年の恋。
世間は許さなかった。

セルジュ・ブールギニョン監督作品
1962年　フランス　日本公開1963年　111分

　　　インドシナ戦争。戦闘機のパイロットは絶叫する少女におも
わずマスクを外す。

　ピエール（ハーディ・クリューガー）は記憶を喪失したまま、看護師
のマドレーヌと暮らしている。散歩に出たピエールは夕方の駅で親子連
れに修道院の場所を聞かれる。女の子は泣いていた。ピエールは女の子
に「星のかけらをあげよう」と声をかけた。女の子は父に捨てられるの
だった。

　日曜日、ピエールは女の子に面会に行く。父親と思って修道女は面会
させてくれた。女の子はフランソワ（フランソワーズ）と呼ばれていた。

　女の子（パトリシア・ゴッジ）はピエールに「本当の名前は違う。教
会の鐘の上の鶏を取ってくれたら教えてあげる」と言う。

　2人は日曜日ごとに会っていた。フランソワはピエールに齢を聞いて
「30と12。6年たったら18と36。まだ若いわ。そしたら結婚しましょう」
と言う。

　ある日曜日、マドレーヌはピエールをレストランに連れていく。町の
中でピエールはパニックを起こしてしまう。フランソワは自分のベッド
で泣いて過ごす。

　クリスマスの夜、ピエールは知人の家からクリスマス・ツリーを盗み
だす。教会の鐘の上の鶏も盗みだす。フランソワにプレゼントするのだ。
池のほとりで少女は本名を教える。「シベール。ギリシアの女神なのよ」

マドレーヌは医者ベルナールに2人のことを相談する。ベルナールは警察に通報してしまう。

解説　この作品をいつ、どこで観たのかはっきりしない。だけど、幾つものシーンは鮮明に覚えている。戦闘機に向かって絶叫する少女の恐怖の顔。霧がかかっているような森と池の落ちついた美しい風景。パリ近郊のヴィル・ダヴレという町だと原題でわかる。撮影はアンリ・ドカエ。英語と日本語の字幕が2段になっているのに少し驚いた。

白黒の画面が観る者を幻想の世界に誘う。星のかけら（ガラス玉）で森や池を見るシベール、ピエールに甘えるシベール、抱き合う2人。2人のデートも幻想のようでハラハラする。

シベールはかわいい少女だ。でも、ときどきませたことも言う。無邪気でほほえましい。池に小石を投げて起きたさざ波に2人の顔が写る。「2人のお家よ」とシベールが言う。シベールは「飛行機から落ちても助かる人もいる」と言う。ピエールの事故を察したのだろうか。2人が公園でジプシーに占ってもらうシーンがあった。何を占ってもらったのだろう。

父に捨てられた少女と戦争で記憶を失った青年の淡い恋だけど、世間は許しておかない。町の人たちは2人を監視し、マドレーヌに告げ口をする。マドレーヌも報われることのない愛をピエールにささげている。が、ピエールのことを変態扱いされては落ち着いていられない。知人のカルロスに相談する。カルロスは「美しいものを汚さぬことだ」と言う。

マドレーヌは2人の様子を見る。そして、納得してほほえむ。が、クリスマスに姿を消したピエールのことを病院の医師に話してしまう。そして、悲劇が起きる。

本名をピエールに教えたシベールなのに、「私にはもう名前はないの。誰でもないの」とつぶやく。（ナト）

蜂の巣の子供たち

戦災孤児の少年たちが
生き生きと動き回る姿に感動。

清水宏監督作品
1948年　日本　白黒スタンダード　86分

　　　　　タイトルが出る前のスクリーンに「この映画の子供たちにお心
　　　　　当たりの方はありませんか」と出る。子役は実際の戦災孤児たち
なのだ。

　下関駅。上野行の引揚げ列車が止まっている。そのホームに勝手に集
まっては散っていくボロ服の子供たち。大きなリュックを背負った若い
復員兵島村（岩波大介）。駅前の空き地でたばこを吸ってる島村に寄っ
て行く子供たち。もらったパンをガード下にいる片足の男〈オジキ〉に
渡すと、男はそれを通る人に売っている。リンゴを食べながら話す子供
たちと島村。「おじさん、何で乗らなかったんだい？」「みかえりの塔と
いう感化院から戦争に行ったから、お前たちといっしょで帰る家がない
んだよ」。引揚げ援護会のスピーカーから「夏木弓子さん、広島にお打
ちになった電報が戻ってきています」と聞こえると、子供たちは顔見知
りらしくお姉さんだと寄っていく。「浮浪児狩りだ！」の声にいっせい
に逃げる片足の男と子供たち。目的も頼るあてもない登場人物たちと敗
戦直後の状況がうまく紹介されている。

　材木の積み込みを手伝う約束で乗ったトラックに途中で島村も加わ
る。現場に着いたとたんに逃げ出す子供たちとオジキ。手伝っている島
村を見て戻る晋公と義坊。蒸気機関車が通り過ぎる線路沿いの道を島村
と４人の子供が歩いている。海に向かって「おかあちゃん」と叫ぶ義坊。
「引揚げ船が沈没して死んだお母ちゃんが海の中で生きてる気がするん

だってさ」。大人とタメ口をきき平然と生きてるような少年たちも、義坊と同じ悲しみの穴を持っているんだと気づかされる。浜に捨てられた舟の中から顔を出す4人とオジキ。「おれたち働くんだぞ、来いよ」と誘う晋坊。海辺の松並木を一生懸命走ってくる子供たちの小さな足。子供の高さでのロングショットがすばらしい。追いかけてきたオジキから逃げ出せた次のカットは、ヨイショヨイショと楽しそうに荷馬車の後押しをしている子供たちの姿だ。塩田の手伝いをしてから錦帯橋、広島を通って四国に向かう島村と子供たちだが、義坊が……。

　清水宏監督のオールロケのロードムービーで、ロングショットで撮った自然の中で素の子供たちの姿と心の動きが描写されている。錦帯橋ですれ違う時に「浮浪児狩りをやってるよ」と教えてくれた二人連れの孤児に食べ物をあげて戻ってくる晋公の見え隠れするショットや、焼け野原の広島で別れる時の階段下から上のお姉さんをじいっと見上げる晋公を撮ったショット、「海を見たら病気も治るのになあ」という義坊をおんぶして尾根道を登る豊坊の様子を、おそらく隣の峰から撮ったのであろうロングショットは特に印象に残る（撮影古山三郎）。

　清水宏は実際に多くの戦災孤児たちを引き取り、京都の家は蜂の巣のように騒がしかったらしい。引き取った子供たちの記録を残すために私財を投じてプロダクションを設立し、映画を通して戦災孤児の救済を訴えた。それがタイトル前のことばだ。3年後には『その後の蜂の巣の子供たち』を製作。伊豆の網代に戦災孤児のための施設を作ったりもしている。ちなみに、全国の戦災孤児は12万人以上いた。各地の駅や公園などで寝泊まりしていたが、年が明けても死者は減らなかったという。

　「浮浪児狩り」が始まったのは1946年4月に「浮浪児を東京から一掃する。保護する施設の設置」を求めたGHQの指令が出てからのこと。また引揚者は500万人以上いたという。映画『みかへりの塔』は1941年に松竹の子役を総動員して作った清水作品。

　清水監督の『有りがたうさん』（1936年）、『小原庄助さん』（1949年）などのんびりと気持ちのいい作品もお薦め。（ビンジ）

愛と希望の街

鳩を売る少年と裕福な少女の、
埋めることのできない階級対立への
激しい怒りが鮮烈な大島渚のデビュー作！

大島渚監督作品
1959年　日本　62分

物語

　京浜工業地帯にある川崎駅前の雑踏で、中学生の少年（藤川弘志）が2羽の鳩を売っている。通りかかった少女（富永ユキ）が2羽とも買い、少年はそのお金で卵や画用紙を買う。途中で会った少年の妹（伊藤道子）は知的障害を抱えているらしい。いっしょに路地裏の狭い家に帰ると、母親（望月優子）が寝たまま民生委員と話していて、家族は生活保護を受けているのがわかる。翌日、売った鳩のうち1羽が帰ってきた。鳩の帰巣本能を利用し、2羽の鳩を何度も売って家計の足しにしていたのだ。少年は後ろめたく感じるが、生活のためだという母にも逆らえない。担任の女教師（千之赫子）が少年の進路相談で家庭訪問にくる。母親は貧乏暮らしから抜け出すため、何とか高校にやりたいと教師にいう。少年は、帰る先生を追いかけ、病弱なのに靴磨きをしている母に代わって、今からでも働きに出たいと心中を話すのだ。そこで偶然、前日に鳩を買っていった少女に出会う。彼女は鳩が1羽逃げたと告げ、少年は何とかごまかしその場から逃げ出す。不審に思った先生は、少女を喫茶店に誘って話を聞いているうち、彼女の父親が有名な電気器具製造会社の重役だと知る。先生は少女に頼んで会社を訪ね、少年を新卒で雇ってくれないかと頼むが、色よい返事を得られない。ところが少女の兄（渡辺文雄）が、教師に心を寄せ、彼の計らいで少年は就職試験を受けるのだが不合格。鳩を売る詐欺行為が発覚したのだ。試験の出来は良かったのに不合格と知った少年は、再び路上で鳩を売る。それにシ

ョックを受けた少女は、また鳩を買って帰り、ベランダから鳩を逃がして兄に猟銃で撃ち殺させるのだ。

解説　『愛のコリーダ』や『戦場のメリークリスマス』で、後に世界的に注目されることになる大島渚の監督デビュー作。1954年1月、京都大学在学中だった大島は、友だちに付き合って松竹大船撮影所の助監督試験を受け、友だちは落ちるが大島は合格し、卒業後の4月に山田洋次ら10人と助監督として入社する。松竹はこの年、『二十四の瞳』や『君の名は』のヒットで絶好調だったこともあり、当初5人の予定が10人もの助監督を採用したのだ。在学中の学生運動の挫折感と敗北感を抱いての撮影所入りだったが、2年目に高橋治と相談して、吉田喜重、田村孟など7人で『7人』と題したシナリオ同人誌を創刊するあたりは運動家の大島らしい。それが反響を呼び、当時人気絶頂の木下恵介監督はじめ多くの人たちに評価される。大島はそこで『青春の深き淵より』を書くが、この作品は後にテレビドラマとして放送される。『7人』はメンバーの1人の自殺により彼の遺書を載せた2号で終わるが、その後これを突破口に、松竹大船撮影所監督助手会の機関誌として1956年に『シナリオ集』を創刊する。『愛と希望の街』は、58年12月発行の『シナリオ集』第9号に、「鳩を売る少年」のタイトルで発表されたものだ。翌59年に監督起用の話があり、大島はこの作品を提出。好評のうちに企画は通ったものの、試写を見た会社首脳部からの不評もあって、封切館ではなく2番館以下で流されることになり、興行的にも散々だったという。街頭の靴磨きの隣で少年が鳩を売るという光景は、いま見ると異様に感じられるが、高度経済成長期以前の都市部では全く違和感はない。貧富の差も激しく、バラック住まいの人たちもたくさんいた。1950年代中ごろから全国的に子どもたちの間で伝書鳩ブームがあり、ぼくも鳩を飼っていた。高校時代の反安保闘争が日本中に広がっていく時期に見たのだが、なんともやりきれない結末に、愛も希望もない厳しい階級対立が鮮烈に印象付けられた。（野上暁）

非行少女

米軍の試射場をめぐって村は分裂。
少女の家はあまりにも貧しい。

浦山桐郎監督作品
1963年　日本　114分

物語　　飲み屋でビールを一気飲みする少女若枝（和泉雅子）は中学
生らしい。男2人に挟まれて煙草を吸う。男たちはいかにもス
ケベそうだ。若枝はホステスではなく手伝いだろう。接客を抜けだすと
奥の部屋からハイヒールを盗む。

　町の映画館（『黄色いリボン』のポスターが貼ってある）の近くで若
枝は不良学生にからまれる。失業保険を受取りに来ていた青年三郎（浜
田光夫）がそれを見て助ける。

　若枝の家はボロ家だ。母親は病気で死んだ。父親は新しい女を連れ込
んでいる。若枝はおもしろくない。

　三郎と若枝は親しくなる。三郎にスカートを買ってもらうと、若枝は
もと弾薬庫のドームの地下に隠してある宝物箱に入れる。

　回想シーンになる。10年前の試射場建設反対闘争（内灘闘争）。あれ
で村は二分された。射撃で魚が獲れなくなった。

　PTA会費を払うように催促されるが払えない。三郎に用立ててもらう
が、ハイヒール代として店の男に金を取られてしまう。学校の職員室に
忍び込み、金を盗もうとして用務員に捕まってしまう。いたずらされそ
うになるが逃げる。

　三郎は農家で働いていたが、若枝に別れ話をする。失意の若枝は養鶏
場で手紙を燃やす。火が移り、鶏小屋が燃えてしまう。若枝は全寮制の
学園に矯正のため入れられてしまう。そこにもまた女ボスがいる。

解説

　『キューポラのある町』で監督デビューした浦山の２作目。不良少女と非行少女の違いはなにかと、いっしょにこの映画を観た「児童読み物作家」の日野一成に訊いた。軽いのが不良で、重いのが非行だと教えてくれた。

　重いのはネリカンに行くのだと、私が子どもの頃流行していた「練鑑ブルース」は教えてくれた。不良も非行も嫌だから公開時に高校生だった私はこの映画を観ていない（石原裕次郎も小林旭も観ていない）。

　日野さんといっしょに観たのは62歳のときだ。和泉雅子は私の中では南極探検に行く、日に焼けた丸顔の女優であった。『非行少女』を観て、あまりにも若いので、思わず笑ってしまった。浜田光夫も若い。バンビの瞳（といわれていたと思う）が輝いていた。

　♪片足あげればホームラン／両足あげればホームイン／♪　という唄が流れる喫茶店で三郎が働いているシーンがあるが、この唄は当局の介入でレコードの発売が中止になったそうだ。

　内灘闘争のことを10年前と言っているから、62年の内灘が舞台なのだろうが、村全体が貧しい。貧しいところに軍事施設や核施設を作る。受け容れれば金が入る。が、危険も入る。地域が分断する。これは今でも同じだ。ドキュメンタリー『ちむぐりさ』（70頁参照）の中で「内灘から米軍施設を追い出したのに、沖縄に押しつけたのか」と坂本菜の花が泣くシーンがある。そこにも通底している。

　あの時代の子どもたちもしたたかだったことがわかる。寮生がマラソン大会で走っていると村の人が「ふん、不良が」と侮る。と、男子の１人が仕返しにマラソンで走りながら、養殖の鮒だか鯉を盗んで夜ご飯のおかずにする。私はうれしくなった。子どもはたくましくなくっちゃあ。

　ラスト。金沢駅のレストランで、大阪に住み込みで働きに行く若枝に三郎が大声でプロポーズをする。まわりの客はあっけにとられる。若枝は、興奮して焦点が合わなくなっている三郎に「１人になって自分を掘り下げてみる」と言う。いやいや、まっすぐな２人である。（ナト）

牯嶺街少年殺人事件

実際に起きた事件がモチーフ。
14歳の少年の暴力に囲まれた日常を描く。

楊徳昌監督作品
1991年　台湾　日本公開1992年
236分（188分版もあり）

物語

　　　1961年。国民党軍事政権下の台北。建国中学校昼間部の入試に失敗した小四は夜間部に通っている。クラスメートの王茂たちと、学校の隣の映画スタジオに忍び込んでは撮影現場をのぞいたり、生徒同士の小競り合いで補導室に呼ばれたり、授業には身の入らない日々を送っていた。ある日、注射を受けた保健室で、脚の怪我を治療していた2年生の少女小明を教室まで送るよう校医に頼まれる。教室に帰る途中、2人は学校を抜け出し、草はらで軍隊の練習を眺めながら半日を過ごす。

　小四の住む街では、対立する2つの少年グループが抗争を繰り返していた。「小公園派」のボスのハニーは、小明をめぐる争いで対立するグループの少年を刺し殺し、台北を離れたという噂が流れている。小四や王茂たちには詳細を知り得ない事件だったが、小四は小明と親しくなるうち、「だれもがハニーを怖がるけど、あんなにやさしい人はいない。彼はわたしを守ってくれようとした」と、ハニーとの関係を聞かされる。「わたしに近づくとよくないことが起きる」と言いながら、どこか思わせぶりな小明。

　王茂が参加したポップスコンサートの主催権と収益を巡り、少年グループの縄張り争いが激化する。周囲からハニーに代わる小明の相手と思われはじめた小四も、次第にグループの抗争に巻き込まれていく。

解説 　英題を「a blighter summer」と付けられ、映画が光と影から成ることを観る者に呼びさます、圧倒的な映像美を持つ作品。戦車やジープがひっきりなしに行き交い、軍事政権下の不安で暴力的な空気の漂う街。停電の闇。蝋燭の炎。乱闘するのはあどけなさの残る少年たち。陽光さしこむコロニアル様式の校舎を歩きながら、小四はハニーのことばをなぞって「ぼくがきみを守る」と、小明へ思いを告げる。

　小四一家は、1949 年に共産党により本土を追われ、国民党と共に台湾に移った外省人。外省人の移住前から台湾に住む本省人に、外省人から成る国民党政府は圧政を敷く。少年たちの抗争は、外省人と本省人の対立が反映されたものとも思われる。共産党との関わりを疑われた小四の父親は、長期にわたる尋問で精神に変調をきたすが、出世を閉ざされた自分の不運を嘆きつつ「未来は変えられる」と小四を励ます。

　外省人は元日本軍宅に暮らし、天井裏には日本刀や銃が残されていた。少年たちが殺傷に使う凶器はことごとく日本軍の残していったものだ。日本の植民地支配という暴力が映画に濃い影を落とす。

　だが小四が常に携えているのは凶器ではなく、映画スタジオから盗んだ懐中電灯だ。その光で寝室にしている押入れの闇を照らし、ノートに父親の言った「未来は変えられる」のことばを書く。

　物語の最後、小四は懐中電灯を映画スタジオに返した足で王茂の部屋から小刀を持ち出し、守るはずだった小明を刺してしまう。刺される直前、小明は「変えようとしてもわたしは変わらない。世界が変わらないのと同じ」と言う。小明はその生活環境から本省人と思われるが、彼女の台詞は「守ってやる」と言いながら本省人を支配しようとする外省人への抵抗のようにも響く。さらに、ハニーのことばそのままに「きみを守る」と言い、父親のことばどおりに「未来は変えられる」と書き、友だちの部屋から持ち出した小刀（日本軍の残したもの）で小明を刺す小四のあやうい主体性は、当時の台湾を示唆しているのかもしれない。

　BBC の 21 世紀に残したい映画 100 本。　　　　　　　　　（かわうそ）

27

if もしも‥‥

エリート養成のパブリック・スクール。
トラビスは反抗的になっていく。

リンゼイ・アンダーソン監督作品
1968年　イギリス（英語）　日本公開1969年　111分

　　　　イギリスのパブリック・スクールの新学期。寄宿舎では部屋
　　割りで教師がどなりまくっている。

　廊下を自転車で走って教室に入ってくる教師もいる。テストを評価し
ながら投げて返している。ミック・トラビス（マルコム・マクダウェル）
は社会科の教師には評価されているようだ。

　寄宿舎の中では特権的な監督生たちがいばっている。トイレの便器に
逆さ吊りにされる新入生もいる。お稚児さんにシェービングさせたり、
自分たちはバスタブの中でコーヒーを飲んだりしているくせに、トラビ
スたちには冷水シャワーを使わせる。

　トラビスたちは反抗的になり、ワルさもする。店から盗み出したオー
トバイで郊外を走り回ったり、コーヒー店のウェイトレスにいきなりキ
スをして、床をころげまわったりという具合である。

　3人は見せしめにムチ打ちになる。ウォーレスたちは4回ずつだが、
トラビスだけは10回だ。勉強室では新入生たちがムチ打ちの音をおび
えて聞いている。

　軍事教練の日、トラビスは実弾で水の入った缶を撃ったり、牧師を刺
すまねをする。校長にお説教され、罰に地下室の清掃をさせられる。が、
そこで催涙ガスや銃を見つけてしまう。

　開校500年記念日。保護者や卒業生、来賓が講堂で将軍の演説を聞
いている時に…。

1968年頃、日本では全国全共闘が結成され、フランスではカルチェ・ラタンの闘争が起きた。イタリアでも大学闘争が起きた。大学とは何か。学問とは何か。自分たちはなぜ大学に入ったのか。そして、自分たちはどう生きるのかという根源的な問いを持つ学生と、不透明な運営を続ける大学。でたらめな経営をする大学に対する怒りが爆発したのだ。力で抑えこもうとする大学、社会との戦いが拡がる。

　イギリスのパブリック・スクールは富裕層がエリート教育を受ける私立中等学校である。伝統と名誉、規律と訓練が重んじられる。ところが内実はそんなにきれいではない。反抗的な学生もいるだろうし、上下関係にあぐらを組む上級生もいるだろう。

　「怒れる若者」のリンゼイ・アンダーソン監督はオックスフォード大学を卒業している。エリート層にいた人だ。その監督がどこで社会の矛盾に目を向けるようになったのかを私は知らない。『if もしも‥‥』は監督45歳の時の作品で、ジャン・ヴィゴ監督の短篇『新学期操行ゼロ』（1933年）に刺激を受けて作ったと言われている。

　廊下を自転車で走る教師、裸で寄宿舎の中を歩き回る校長の奥さん。その校長も3人のお説教中に「給料は643ポンド、スーパーの見習いと同じだ」などとボヤく。イギリスの権威主義に対する強烈な風刺作品であり、エリート教育の現実を描く作品なのだけれど、笑えるシーンもあり、アンダーソン監督のポケットの多さ、ユーモア精神を感じる（開校500年記念日のデンスン将軍の演説も笑える）。

　作品のラストは壮絶である。

　アンダーソン監督はこの後1973年には『オー！ラッキーマン』という、若いときに野心を持ってラッキーな生活を得るが、やがて笑えなくなる男のことを描いた作品を撮る。そして、1987年に名作『八月の鯨』（82頁）を撮った。（ナト）

受けたかった最後の授業

　チ-5号事件が1951年に山梨県で起きた。新千円券のニセ札製造・使用事件だ。犯行グループの中心は元小学校長、元海軍主計中尉、元陸軍中佐。押収されたのは1万2千枚。この年には日本各地でニセ札製造事件が起きている。

　1948年には東京の帝国銀行椎名町支店で行員らが青酸化合物を飲まされ、12人が死亡、4人が重態となる事件が起きている。警察は731部隊の関係者を追うが、途中で方針を転換。逮捕されたのはテンペラ画家の平沢貞通だった。

　映画『ニセ札』（木村祐一監督作品　2009年　94分）は、チ-5号事件をモデルにしている。総司令の戸浦（段田安則）は庄屋だがもと陸軍将校、参加をためらう小学校教頭の佐田かげ子（倍賞美津子）に日本軍はニセ札を作っていたと話し、「お国がニセ札を作って、僕らが作ったらあかんという法はないでしょう。ニセ札で誰が死にます。誰が損します」と誘う。戦意高揚の本を焼去してからっぽの図書室の本棚、村の女の子は成績優秀なのに貧乏で進学できない。自分の子は知的障がいがあるため学校にも施設にも入れない。そんなことを悩んでいたかげ子は話に乗ってしまう。資金集めに寺の住職を利用する。自分たちが作ったニセ札だと本物の新千円札を見せて、住職を騙す。

　逮捕される前日、かげ子は「金のさかな」の授業をする。金のさかなを釣った漁師が魚を逃がす。最後の授業だ。

　80年代には東京世田谷区で、同僚の養護教諭と恋におちた男性教諭が、2人で共謀して養護教諭の夫を殺す。焼酎に目薬を入れ、夫を泥酔させ絞め殺したのだ。この男性教諭は逮捕される直前に6年生に「人のいのち」という授業をしたという。どんなにか真実味のある授業だったろうか。

　そんな授業を私も受けてみたかった。（ナト）

2

人々は立ち上がる

戦争と平和

いしぶみ

落ちてくる原子爆弾を見つめながら
死んでいった生徒たちの声。

是枝裕和監督作品
2016年　日本　85分

　　丸みを帯びたスクリーンいっぱいに子どもたちの顔写真が映し出される。ところどころに氏名だけが書かれたものがある。その写真に囲まれるように白いブラウスと黒いスカートの綾瀬はるかが立っている。「いしぶみ」とタイトルが映し出された一瞬、原爆ドームの中にいるように見えた。

　『いしぶみ』は広島に原爆が落とされた1945年8月6日、建物疎開の作業のため中島新町の本川土手（今の平和公園）に集合した旧制広島県立第二中学校の一年生321人が、どのように家を出て、どのように被爆し、どこでどのように死んだのかを、遺族の手記を朗読する形で伝えようとしたドキュメンタリーのリメイク映画である。オリジナルは1969年に広島テレビが松山善三演出・杉村春子朗読で制作したテレビドキュメンタリー「碑」。

　綾瀬はるかが台本をゆっくり開いて「昭和20年8月6日は朝から暑い夏の日でした」と読み始める。「六学級の中川雅司くんはいつまでもぐずぐずしていて出かけようとしませんでした。心配したお母さんにせかされて家を出かけたのですが、すぐ引き返してきて水道の水をおいしそうに飲むととんで出かけました。それが、お母さんが生きている中川くんを見た最後でした」。久保田英樹くんについてはお父さんの手紙。「三月に空襲があったとき長女を失い、その後も東京は空襲が激しいので、たったひとり残った長男を失ってはと思い、六月に故郷の広島に帰って、

広島二中に転校させました。作業に行って釘を踏んで、足がいたいから休みたいといったのですが、無理に叱って家を出しました」……読み上げる生徒名が変わるごとに顔写真が、散在している箱のひとつに映し出される。その箱は朗読文の内容によって、積み上げられたり並べられたりして棺や川などを暗示する背景となった。名前だけの箱は写真さえ残っていない子どもたちだと気づいた。

　私は中学教員をしていた時に『いしぶみ　広島二中一年生全滅の記録』（ポプラ社）を読んだ。朗読を聞くと、ことばがひとつのシーンとなって迫ることに驚いた。たとえば、「広島二中の一年生321人は本川を背にして侵入してくるエノラ・ゲイ号と真正面から向き合ったのです」と聞いたとたん、B29と向き合ってる恐怖を感じたのだ。爆発で川の中に投げ出された生徒が「泳ぎのできない友人が〝ぼくらは先に行くよ〟といって万歳をさけんで川下に流されていきました」「遺体が１km下流であがった」と聞けば、東日本大震災の津波の激しい濁流の映像が浮かんできて、浮きつ沈みつしながら流されていく生徒たちの姿になった。オリジナルで使われた効果音や写真、音楽等が意図的に排除されたなかで、朗読のことばだけが頭に入ってきた。綾瀬は平和公園の語り部だった。

　爆発地点から500 mしか離れていない本川土手にいた321人の約三分の一の生徒は原爆が爆発した瞬間に亡くなったという。重傷を負い変わり果てた姿で生き残った生徒たちが、想像を絶する生命力で家や親の元に帰ろうとする姿には感動さえ覚えた。しかし、健気で美しい姿への感動に流されず、その少年たちを殺した原爆のむごさ・戦争の非人間性を心に刻みたいと思う。

　池上彰の生き残った人たちへのインタビューは新しい企画だった。平和公園の慰霊碑が映し出され、死んだことになっていたマツシマさんが慰霊碑の名前を消してもらったと話す。イノウエさんは「高校、大学の時は同級生の親に思い出すから来ないでくれ」と言われた。インタビューは生き残った人々も様々なかたちで「なんでおれが生き残ったのか」いう贖罪感を抱えながら戦後を生きてきたことを引き出した。（ビンジ）

この空の花　長岡花火物語

大林ワンダーランドで体験し理解する、
長岡市民の祈りと願い。

大林宣彦監督作品
2012年　日本　160分

　　　　熊本県天草の新聞記者遠藤玲子（松雪泰子）は8年前に別れた
　　　恋人の片山健一（高嶋政宏）から、長岡花火と高校生たちの劇を
見に来ないかという手紙を受け取る。遠藤は長岡を訪れる。乗ったタク
シーの外側を戦時中の服装をした人々が通り過ぎる。運転手（笹野高史）
が長生橋の説明をしている途中で、画面は中越高校の廊下を一輪車に乗
ってきた女生徒（猪股南）に変わり、芝居「まだ戦争に間に合う」を長
岡花火の日に公演したいと片山先生に頼む。と思ったら山本五十六記念
館の場面になり、再び戻った信濃川堤防では模擬原子爆弾の碑のこと、
と最初から奇抜な画面、慌ただしいカット、早口のセリフ。何これ？
と見ている間に大林ワールドに引き込まれてしまう。

　　遠藤は新潟日報の若い記者井上和歌子（原田夏希）と共に、長岡花火
の花火師や長岡空襲体験者や中越地震の山古志村等々を訪ねて、長岡花
火が戦争や災害の被災者を追悼する祈り、復興への希望を込めた市民の
願いだと体験し理解する。再会した2人の恋は？……映像技術を駆使し
て虚構と現実、生者と死者の壁を取り払った大林ワンダーランドが楽し
める。

　　2020年4月10日に亡くなった大林宣彦監督の第1作『HOUSE/ハ
ウス』（1977年）を見て、そのマンガチックさに驚きあきれた。だか
ら次に見たのは、山中恒著『おれがあいつであいつがおれで』が原作の
『転校生』（1982年）だった。階段から落ちて一夫と一美が入れ替わる

シチュエーションも次の踏切のシーンの仕掛けも性を取り扱うセンスも良くて楽しく感動した。以後『時をかける少女』から『花筐』まで随分楽しませてもらった。

　まだ映画は撮影所育ちの監督か助監督や脚本家が一本立ちしてしか撮れなかった時代。子どもの頃から8ミリカメラを遊び道具にして育ち、マンダムや友和百恵のグリコなど数多くのテレビCMを撮っていた大林だからこそ撮れた、撮影所のしきたりや作り方に縛られない大林ワールドの映画だったのだ。

　CM撮影に借りていた東宝撮影所で「『ジョーズ』のような突拍子もないアイディアはありませんか」と声をかけられたそうだ。

　『この空の花』にはそうした大林監督の映像テクニックが全編に炸裂している。次々と出されるスーパー、書き割りの背景、重ねられた画像、特殊効果、アニメや紙芝居等々。長岡の歴史や花火にまつわるたくさんの情報。だが、それらを繋いで走り回る爽やかでカッコイイ一輪車の高校生たちの映画内芝居のアイディアが、映画を楽しく体験し理解するものにしている。

　長岡市のほか福島市・春日井市・神戸市など日本各地に49発落とされた模擬原子爆弾を取り上げたことについては敬意を表したい。「パンプキン」とも呼ばれたオレンジ色のこの爆弾は、長崎に落とされた原子爆弾「ファットマン」と同じ形状・ほぼ同じ重量に作られた大型通常爆弾。原爆データを採るための投下訓練によって死者400名・負傷者1200名余の被害を受けた。二重の痛ましさがある。1991年に愛知県「春日井の戦争を記録する会」がアメリカ軍文書を調べて初めてわかったものである（参考『パンプキン・模擬爆弾の夏』令丈ヒロ子著）。

　といった後で心苦しいが、大林監督がかつて九州電力のCMに出演していたのは意外だった。この映画では原子力の平和利用の鉄腕アトムと、柏崎原発の子どもに「自分で考えろ」と言う父親の言葉が併記されていたが、〝爆弾を花火に！　原発は自然エネルギーに！〟とは言えないままで他界されたのであろうか。（ビンジ）

二十四時間の情事 ヒロシマ・モナムール

私、見たわ　何もかも。
ヒロシマそれがあなたの名。

アラン・レネ監督作品
1959年　フランス・日本　91分

　　　　原題の『Hiroshima mon amour（ヒロシマ、わが愛）』に『二
　　　　十四時間の情事』という陳腐な題をつけたのは誰だ。大映の永田
雅一か。

　『ゲルニカ』（1950年）、『ポール・ゴーギャン』（1950年）、『夜と霧』
（1955年）で注目を集めていたアラン・レネのことを知らなかったのか。
脚本を書いたのがフランスの新しい文学アンチ・ロマンの旗手、マルグ
リット・デュラスだと知らなかったのか。知らなかったとしたら映画界
からこそこそと消えてほしいと思った。

　灰のようなものが舞う中で男と女が抱き合っている。女が言う。「私、
見たわ、何もかも。病院だって見たわ。ヒロシマで」　男が言う。「君は
なにも見ていない」　私はこの台詞の意味を考えた。見るとはどういう
ことか。目の前で起きていることを眺めるだけでは見たことにならない。
現象を自分の存在に関わらせなくてはいけない。そんなことを考えなが
らスクリーンを見ていた。

　スクリーンには病院が映し出される。被爆者の顔、焼けた石、平和公
園、原爆ドームが映る。

　男（岡田英次）は日本人で建築家。フランス革命の研究のためフラン
ス語を勉強した。女（エマニュエル・リヴァ）はフランス人で映画俳優。
日仏合作の反戦映画を作りに来ている。役は看護師。

　朝。女は男に、今日の撮影が終わったら帰国すると言う。「ヌヴェー

ルでは気が狂ったことがある」とも言う。

　昼。男が撮影現場に来る。男は女を自宅に誘う。抱き合ったあと女が言う。「青春のヌヴェール、恋のヌヴェール。戦争中の恋人は23歳のドイツ兵だった」

　夕方。川のそばの喫茶店。女の記憶はよみがえってくる。女はドイツ兵と逃げる約束をした。その日、正午にロベール河でドイツ兵は殺される。女は敵と通じたとして、町の人に髪を切られてしまう。恥じた父は気が狂ったように泣き叫ぶ娘を地下室に閉じ込めた。髪が伸びたとき、母が「パリに行け」と自転車で逃がしてくれた。パリについて2日目の新聞にヒロシマのことが出ていた。あれから14年。

　2人は喫茶店を出て別れるが、また喫茶店に戻ってくる。夜の街を歩きながら男が「広島に残ってくれ。別れられない」と言う。女は「わかっているくせに。考えられもしないことだって」と言う。雨が降り出し、2人は駅の待合室に行き、ナイトクラブに行くがいっしょには座らない。

　女がホテルに戻ると、男が追ってくる。女は「私、あなたを忘れるわ。あなたを忘れる私を見て」と叫ぶ。「ヒロシマ、それがあなたの名ね」男が言う。「君の名はヌヴェール、フランスのヌヴェール」

　『去年マリエンバートで』は1961年。原作はアンチ・ロマンのアラン・ロブ＝グリエ。私の中ではこの2作は完全に重なっている。

　『二十四時間の情事』の女は男を愛していくのだが、自分が14年前に愛したドイツ人の青年のことを忘れていたことに気付き、愕然とする。そして、新しい愛もまたいつか忘れるのではないかと怖れる。男は女にどこまで近寄れるのか、混乱させようとしているだけなのか。あまりにもまっすぐな愛なのか。

　駅の待合室で同席した老婆に「この人は病気なのか」と聞かれて、堂々と「ぼくたちは愛し合っているのに別れなければならない。それで悲しんでいる」と答えるシーンもいい。

　私はこの作品を何歳のとき観たか覚えていない。最近では65歳のとき観た。衝撃は同じで文学青年に戻れた。（ナト）

血と砂

戦場にジャズが流れる。
たまらなく愉快で
たまらなく切ない戦争映画。

岡本喜八監督作品
1965年　日本　132分

　　　　昭和20年夏、敗戦間近の北支戦線。岩と石と砂の山肌、わず
　　　　かの灌木しか生えていない山岳地帯の山あいに「聖者が街にやっ
てくる」が響きわたる。演奏しながら行進しているのは音楽学校を出た
ばかりの陸軍少年軍楽隊13名。最前線の慰問を命ぜられて佐久間分隊
本部に向かうところだ。行進がマーチングに変わる頃に出会った小杉曹
長（三船敏郎）が、自分たちを最前線に派遣しようとする司令部将校を
殴り、同じ分隊に転属を命じられたとは知らない。分隊本部に着いた軍
楽隊は隊長の佐久間大尉（仲代達矢）に戦局の悪化により一般兵として
扱われ、楽器を捨てさせられる。怒った小杉はまたしても佐久間を殴る
が、小杉を追って来た朝鮮慰安婦お春（団令子）の懇願で、音楽兵とと
もに最先端基地ヤキバ（火葬場）の奪回を命令される。同行する兵隊は
暴れん坊の炊事長（佐藤充）、3年間営倉に入っている暴力嫌い（天本
英世）、穴ばかり掘っている葬儀屋（伊藤雄之助―名演！）の3人だけだ。
楽器との別れを惜しんで「夕焼け小焼け」を演奏する音楽隊の周りに兵
士も慰安婦も憲兵も集まってきて聞きほれている。それを見て任務に差
し支えなければかまわないと言う佐久間。
　荒寥とした山川を超えてへとへとになりながらたどり着いたヤキバは
後ろを山、前三方はクリークで守られ、トーチカ内には重機関銃が備え
てある。クリークには井戸に行くためのはね橋が架けられ、50人ほど
の兵士がいるようだ。小杉と少年兵たちはどのように攻めるのか。少年

兵たちのあこがれとなったお春は……。

　岡本喜八監督の『独立愚連隊』（1959年〜）は監督登用試験のために書いたシナリオを、翌年映画化して批判と称賛の渦を巻き起こした出世作。『血と砂』は独立愚連隊シリーズの＜第7作＞とか＜子供編＞と言われる北支那を舞台にした小隊の物語。少年軍楽隊がジャズを演奏したり、葬儀屋が見習士官を埋めながら「靖国には行くなよ、ほかの神様にいじめられるからな」とつぶやいたり、憲兵を訓練道具にして弄んだりのコメディタッチのシーンは論議を呼ぶ部分だろう。それが岡本作品のおもしろさなのだ。

　少年軍楽隊の少年たちは最後までよく歌いよく演奏する。深刻な戦争劇のなかにミュージカル風に歌が入ると映画がスピーディになり気分を明るくしてくれる。とは言うものの、楽器を鳴らしながら埋もれていく最後は切ない。少年軍楽隊の話は原作の伊藤桂一著『悲しき戦記』にはないから、監督のアイディアなのだろうがいい題材だと思う（1944年にマキノ正博監督が松竹で撮った『野戦軍楽隊』があるそうだが未見）。

　もうひとつ、敵の八路軍が仲間の遺体を命がけで取りに来るシーン。そんなことをするのかと思ったが、原作に中共軍は「山野に戦友の屍をさらすことを愧じている」ので、守備兵はまんじりともせず監視していたのだが「敵の這い寄ってくるなんらの徴候をも感ぜぬうちに、トーチカ周辺に散らばっていた死体は一つ残らず持ち去られていた」とある（十六話）。攻撃しなかった小杉隊の対応はまともだったと思う。

　岡本監督には私好みの逸話がある。『独立愚連隊』1作目の最後のシーンで少人数の日本兵が大勢の八路軍を皆殺しにするシーンを非難された監督は、2作目『独立愚連隊西へ』では互いに戦ったふりをして殺し合わずに別れる結末を描いたという。また、ほかの監督企画だった『日本のいちばん長い日』（1967年）で天皇と大臣と将軍たちの敗戦を撮らされた後、私財を投げ出して自分が学徒兵として経験した悲惨で滑稽な庶民の敗戦を『肉弾』（1968年）で撮ったというのだから凄い。（ビンジ）

東京五人男

戦争直後の民主主義的・娯楽的平和宣言。
実際の焦土ロケ敢行のリアリズム！

齋藤寅次郎監督作品
1945年　日本　85分

　　　　1945年、日本は無謀な戦争に負けた。その年に、1本の映画
　　　が焦土と化した東京で撮影、封切りされた。喜劇の神様と呼ばれ
た齋藤寅次郎監督の『東京五人男』である。主演は戦前から喜劇俳優と
して人気を誇っていた古川ロッパ、横山エンタツ、花菱アチャコなどの
錚々たるメンバー5人。おそらく敗戦を予測した鋭敏な映画人たちが満
を持して準備してきた企画なのであろう。

　冒頭、富士山を背景に蒸気機関車が走るシーンは、戦後復興への映画
人たちの強い意志を想起させて頼もしい。乗客を満載した車内ではロッ
パ、エンタツ、アチャコたちが他の客と喧嘩をはじめる。それをいなす
のが「はッはノンキだね〜」のノンキ節という当時の定石どおりの喜劇
的展開で、列車は東京へ。

　敗戦の年の東京は、すがすがしいほどに何もない。広い空も焼け野原
も、セットではない敗戦直後の紛れない実景である。トタン屋根の掘っ
立て小屋が点々と並ぶ一郭では、帰ってこない5人の葬儀が行なわれて
いる。そこへ生き仏がぞろぞろ現れて、妻たちはびっくり仰天しながら
も、それぞれに生還を喜び合う。

　ところが何もない焼け野原では、早くも悪徳商売が横行したり下っ端
の役人が権威をふりかざしたりで、戦後のカオスがはじまっている。市
民は長蛇の列を組んで食糧配給所に並び、役人は腐りかけた芋さえ出し
渋るのだった。

お定まりのノンキ節がはじまる――「♪お芋の配給 / するよと言った ら / こんなに婦人が集まった〜♪婦人参政権の / 投票の時も / こんなに 並んで / くれりゃよい〜♪はッはノンキだね〜」「♪お米の代わりに / お芋を食えと / 仰るお役人は何を食う〜♪お役所仕事でヒマを食う〜♪ はッはノンキだね〜」

芋のために並んだ数百の婦人たちが、ノンキ節への返歌で合唱をはじ め、映画は一気に浅草オペレッタの様相を呈する。諷刺と諧謔がにぎや かに交錯する。

こんなひと騒ぎを終えた後、疎開先から帰った息子とロッパの親子が 露天風呂に入るシーンは、空に満月を配した構図の見事さも相まって美 しい。

「お殿様でも家来でも / 風呂に入る時ゃ皆裸〜」の前置きで「狭いお 風呂も / 楽しい我が家〜」と、「My Blue Heaven（私の青空）」の替え歌 を歌うロッパは印象深い。余談になるが「この風呂のシーンこそ私の映 画作りの原点だ」と教えてくれたのは、かつて映画『若者たち』で昭和 の若い家族像を活写した森川時久監督である。

五人男は、食糧こそ人びとのもっとも大切な活力源だということ、加 えてそれを配布する役所が大きな障害であることに気づく。そこでまず 生活協同組合を創立し、組合長を選び、「何事も政府に頼らず立法して いきたいが、いかがでしょう」と提案し、集まった人びとの賛成を得る。 力を得た組合は、食糧増産のためにまず地域の地主に土地を提供させ、 畑を作ろうと考えた。

こうして人びとが集まり、目標が決まり、未来が見えてくる。「三合 配給絶対確保」「大邸宅を開放せよ」などのプラカードが掲げられ、自 然に行進がはじまる。

その列は食糧配給所に並んだよりはるかに長く、焼け野原を生きる喜 びで満たしていく。カメラが俯瞰で喜びの長い行進を映す……観る者に、 傷心からの再生と逆境に耐える心根を示唆する、愛すべき快作と言えよ う。（ハチ）

遥かなるふるさと 旅順・大連

日本近代の重さを負わせる「ふるさと」。

羽田澄子監督作品
2011年　日本　110分

　　　　羽田澄子監督は1950年に岩波映画製作所が設立されたときに入社し、1957年に『村の婦人学級』で監督デビュー。1981年に同社を定年退職したあとはフリーとなり、『早池峰の賦』（1982年）、『痴呆性老人の世界』（1986年）、『元始、女性は太陽であった―平塚らいてうの生涯』（2001年）、『山中常盤』（2004年、164頁）とさまざまなテーマと技法で衝撃を与えてきた。

　前回の作品『嗚呼　満蒙開拓団』（2008年）では、国策として中国東北部に送り込まれた人たちがソ連軍の侵攻と日本の敗戦のときにどうされたかを描いている。方正にいる関東軍を頼りに逃避行をするのだが、関東軍は撤退してしまう。ハルピンから東へ約180キロのその地に「方正地区日本人公墓」という石碑があり、その墓参りのツアーに羽田は参加し、公墓に焦点を当てる。同時に満蒙開拓団に日本でいちばん多くの人を送り出した長野県にも取材に入る。下伊那郡泰阜村というところだ。この作品の中で羽田は自身が大連で生まれ、旅順の学校に通っていたと述べていた。

　大連の高等女学校の教師だった父と二十歳だった母の間に羽田が生まれたのは1926年のこと。当時大連には20万人の日本人が住み、満鉄の本社もあったと羽田は語る。父はその後旅順の女学校に転勤し、羽田は旅順の小学校・女学校に通ったそうだ。旅順・大連が懐かしいのだが、中国は旅順が重要な軍港であるため外国人には未開放だったようだ。

　2009年になってようやく全面開放となり、翌10年「日中児童の友好交流後援会」という団体（会員のほとんどが旅順で生まれ育った人たち）が旅順ツアーをすると聞いた羽田は参加する。日本映画界の重鎮なのに立場や特権を使うことなく3泊4日のツアーの一参加者になる。羽田のこの姿勢がすがすがしい。

　旅順といえば日露戦争の203高地である。広瀬中佐と杉野兵曹長の唱歌、与謝野晶子の反戦詩を思い出してしまうが、侵略した側としては後ろめたい。そんな一行に中国の語り部は旅順の闘いを説明してくれ、「そういう戦争なんかいらない平和に」と結ぶ。

　周辺は展示場になっていて、ロシア軍の堡塁と機関銃が残されてあり、乃木将軍とステッセル将軍が会見した水師営も復元されている（羽田監督は作品の中で「水師営の会見」の唱歌を流している。「北帰行」の歌も流して、旅順高校の寮歌だったと説明している）。

　ツアーの一行は昔の第二小学校に行く。昔の講堂がそのまま残っていて、今は体育館となっている。一行は学芸会の思い出話をうれしそうにする。学校側の歓迎行事も心がこもっている。温かいといえば、一行のうちの何人かが昔住んでいた家を訪ねると、今住んでいる人が家の中に招いてくれる。「ささやかなことよ。ふるさとに帰れてよかったですね」と言ってくれるのだ。

　羽田は家族といっしょに2歳のとき大連から三重県津市に移り、10歳のとき再び旅順に行く。そのとき「下働きをしているのはすべて苦力（クーリー）という中国人」と気付いたという。旅順にはロシアが造り始めて日本が完成させた監獄もあった。拷問部屋があり、処刑室があった。安重根も収容されていた特別な個室もあった。

　羽田にとってふるさとは美しい建物とアカシアだけでなく、日本の近代という重さを負わせるところでもあるのだ。

　この作品を制作・配給しているのは自由工房で、プロデューサーは工藤充だ。工藤の努力と協力があってこそ、羽田監督の一連の作品が成り立っている。工藤充に感謝する。（ナト）

ゆきゆきて、神軍

人の肉を喰わした人は
咎められていない。

原一男監督作品
1987年　日本　122分

　　　　この映画は原一男監督の第3作目だ。『さようならCP』（1972
　　　年）『極私的エロス・恋歌』（1974年）に続くドキュメントだ。
主人公は奥崎謙三。不動産業者を傷害致死。天皇制にけんかを売り、皇
居で天皇ヒロヒトにパチンコを打ち、銀座・渋谷・新宿のデパートから
天皇ポルノビラを撒いて独房生活14年余りを送った前科3犯だ。

　このドキュメント映画のすごいところは奥崎謙三という人間を徹底的
に探求したところだろう。神戸市で妻とバッテリー商を営んでいる。彼
はたった一人の「神軍平等兵」として「神軍」の旗たなびくトヨタ・カ
ローラ・マークⅡに乗り、日本列島を疾走する。

　彼は戦時中パプアニューギニアで独立工兵36連隊に所属していた。
敗戦近くになり、アメリカ軍に包囲され、連隊はパプアニューギニアか
ら国境を越え、インドネシアまで逃げた。その途中、自決したり餓死し
たりして100人いた仲間がどんどん死んでいく。そんな中、野村と吉
沢という仲間の一等兵が上等兵により処刑された。その死は「戦死」と
報告されていた。遺族には「遺骨」が戻ってきたが、遺族は「中は開け
ていない」と語る。しかし事実は「戦死」ではなく「処刑」だった。

　どうして処刑されなければならなかったのか。彼はその理由を追及す
る、その責任を追及する場面が中心になっている。悪鬼のごとき執念で
元上官の非道を追及する。その元分隊長高見や銃殺実行犯の元中隊長古
清水のもとを訪れて、その事実を確認しようとする。

「俺は俺なりの供養をしている。だからおれは靖国神社にも行った」と言い逃れをする元中隊長。「靖国神社に行ったら英霊が、救われると思うのか。貴様」と追及する。靴のまま座敷に駆け上がり相手の胸ぐらを掴んで押し倒す。

いくつかの場面で家族が警察に110番する。警察官がやってきて奥崎を問いただす。「戦争中の処刑の理由を聞いているだけだ」と答える。彼は「あんたは本当に地獄を体験してきた。仰って下さい。36連隊の中であなたと私だけが生きて帰ってきた。私は幸い人の肉を食わずに生きて帰れたわけですからね。あんたたちは5人で人の肉を食って、喰わなきゃ生きていけなかったし、それを喰った人を責めるんじゃなくて、私は喰わした人をね、問題があると思うんですね。ところが喰わした連中は、ちっとも咎められてないわけですね。その最高責任者がヒロヒトです。厚顔無恥のヒロヒトだと思っているわけですね。ところが彼、生まれてから1回もすいませんなんて言ってないわけでしょ」「無知・無理・無責任の天皇ヒロヒトのために犠牲になった人々に対する供養をする」と4月29日の天皇誕生日に皇居前で街宣活動をする。

撮影の途中に原監督は奥崎から「処刑実行者の中隊長古清水を殺しにいくから、その場面を撮影してほしい」と頼まれたそうだ。しかし、殺人事件を撮影する行為は実行犯と見なされる可能性があるという弁護士の説得で止めたそうだ。しかし、終わりの場面で新聞記事が流れる。

「奥崎候補が短銃発砲・元上官（古清水）の息子が胸に重傷」「発砲・逃走」「奥崎謙三を全国手配・南方戦線　同僚銃殺恨む」「息子でもよかった」「奥崎を神戸市内で逮捕」

1986年9月18日。妻・奥崎シズミ死亡（68歳）。1987年1月28日。奥崎謙三は殺人未遂などで懲役12年の実刑判決を受ける。

1981年に奥崎謙三と出会い、7年かけてこの作品はできあがった。奥崎謙三という個性と7年かけて付き合いながら、ここまで緊張感のあるドキュメントを作る原監督のエネルギーも桁違いの量だ。（フカ）

麦の穂をゆらす風

自国の歴史の恥部を抉る。
なぜ兄は弟を処刑したのか。

ケン・ローチ監督作品　2006年
アイルランド・イギリス・ドイツ・イタリア・スペイン
日本公開2006年　126分

物語　　　1920年、アイルランド南部の村。若者たちがクリケットのよ
うなゲーム、ハーリングに興じている。ゲームが終わり、農家
の庭先でおしゃべりをする。若者の1人、デミアン（キリアン・マーフ
ィー）が近々ロンドンの病院の医者になるので送別会だ。

　そこにドタドタとイギリス兵が入って来る。ハーリングは禁止だと言
い、若者たちを尋問する。英語名を言わずにアイルランド語で「ミホー
ル」と名乗った若者が納屋に連れ込まれ、虐殺されてしまう。

　わずか17歳で、家族や仲間の目前で殺されてしまったミホールの葬
式。村の女性が「麦の穂をゆらす風」を歌う。敵討を誓い、ゲリラ戦を
決意する若者たちのリーダーはデミアンの兄テディ（ポードリック・デ
ィレーニー）。デミアンもゲリラに誘われるが断ってしまう。

　ロンドンに向かおうとしたデミアンは駅で兵隊に遭ってしまう。「兵
隊と武器は運べない」と断わる運転士と駅員を隊長は銃で殴り倒す。が、
鉄道員は断固として拒否する。これを見たデミアンはゲリラに入る決意
をする。

　激しいゲリラ戦の結果、イギリスは停戦を申し入れて来る。村の人た
ちと自由と平和を祝ったデミアンはその夜、ミホールの姉シネード（オ
ーラ・フィッツジェラルド）と結ばれる。

　が、講和条約の内容をめぐって、指導者たちは対立してしまう。そし
て、内戦が始まる。

ケン・ローチ（本名ケネス・ローチ）は 1936 年生まれ。社会派の映画監督として知られている。『大地と自由』（1995 年）ではスペイン内戦に参加したイギリスの若者を通してスターリニストの裏切りを描く。『ブレッド＆ローズ』（2000 年）はロサンゼルスに不法入国してきたメキシコ女性と労働者の組合結成の動きと弾圧を描く。『ナビゲーター　ある鉄道員の物語』（2001 年）ではイギリス国鉄の民営化と保線技術者のリストラがテーマ。『やさしくキスをして』（2004 年）はイギリスで暮らすパキスタンからの移民家族と差別を取り上げている。

近作の『明日へのチケット』（2005 年）はエルマンノ・オルミ監督、アッバス・キアロスタミ監督とのオムニバス作品で、スコットランドからローマにサッカーを見に行く 3 人の若者が車中で乗車券を盗まれるが、盗んだのがアルバニア難民の子どもとわかって黙認するという物語。

『麦の穂をゆらす風』がアイルランドを舞台にしていると聞いて、うかつにも私はケルト民族の精霊と伝説をテーマにしているのかと思ったのだが、いきなり、少年が虐殺される。

ケルトの伝説にもとづいた『フィオナの海』（ジョン・セイルズ監督 1994 年）にも英語の強制を拒否した若者が首枷をかけられ、あげくにイギリスの監獄で殺されるという話がでてくる。大英帝国は恐ろしいと思ったが、日本も朝鮮で創氏改名を強制し、日本語を強制したことを考えれば、他人事ではないことがよくわかる。

それにしても、イギリス人であるケン・ローチがイギリスが隠しておきたい歴史を暴く。イギリスがアイルランド内戦を誘発したことをはっきりと描く。70 歳になってもなお国家や民族の根っこを抉（えぐ）る作品を撮り続けるケン・ローチに、私は畏敬の念を持つ。

内戦で敵味方に別れてしまった弟デミアンを、兄テディは拷問にかける。口を割らない弟を兄は処刑する。そのことを知ったシネードは「二度と顔を見せないで、私の土地に二度とこないで」と叫ぶ。

シネードの最後の言葉も胸をしめつける。（ナト）

暗い日曜日

名曲と男たちと女
時代は戦争直前。

ロルフ・シューベル監督作品
1999年　ドイツ・ハンガリー
日本公開2002年　115分

物語　　ブダペストのレストランにドイツから金持ちのご一行が高級
車でやってくる。主人の80歳の誕生祝いだ。だが、食事中に急
に倒れてしまう。

　第二次世界大戦直前のレストランにピアノが届く。オーナーのラズロ
（ヨアヒム・クロール）はピアニストをオーディションで決めようとする。
遅れて来た青年アンドラーシュ（ステファノ・ディオニジ）がオーナー
の恋人イロナ（エリカ・マロジャーン）に気に入られて採用になる。や
がて3人は奇妙な関係になっていく。

　イロナの誕生日。アンドラーシュは新しく作曲した「暗い日曜日」を
プレゼントする。ラズロは髪飾りを贈る。客のドイツ青年ハンス（ベン・
ベッカー）はライカで記念写真を撮る。4人の関係になってしまう。

　ハンスはドイツに帰ることになり、イロナに告白しプロポーズをする
が、イロナは断る。ハンスは橋から身を投げようとして、ラズロに助け
られる。「暗い日曜日」はレコード化され大ヒットする。が、曲を聞い
た人が自殺するようになる。

　ドイツから戻ったハンスはナチスの将校になっていた。ユダヤ人狩り
が始まり、ラズロにも危険がせまる。ハンスは「特別許可証」を1000ドル
で売っている。イロナはラズロを助けるために、ハンスに身体をまかせる。

　避難する人で混雑する駅。イロナはラズロを連れていく。が、ハンス
はラズロに「特別許可証」を渡さない。アンドラーシュは自殺してしまう。

解説　レジョー・セレッシュ作曲「暗い日曜日」がレコード化され、ラジオで放送され大ヒットすると、この曲を聞いた人がたくさん自殺したというのは事実らしい。イギリスのBBCは放送禁止曲にした。

　作詞はレストランのオーナーのラズロだ。暗いメロディと失恋の悲しい詞で、聞いた人が死にたくなったのだろうが、背景にはハンガリーの侵略され続けた歴史と、特に30年代の重苦しい情勢があったのだろう。

　作曲したハンガリー人のレジョー・セレッシュは別れた恋人に会おうとしたが、連絡した翌日、彼女は服毒自殺した。セレッシュが1968年に投身自殺したことも都市伝説になった要素だろう。

　曲の人気は高く、フランスでは1936年にダミアが歌い、アメリカではビリー・ホリディ、ルイ・アームストロングらが歌った。日本でも、越路吹雪、美輪明宏、金子由香利らが歌ってきた。

　「自殺の聖歌」とナチスの侵略、ホロコーストを重ね、さらに三角関係のこと、復讐の物語を織り込んだ映画『暗い日曜日』だが、成功には4人の俳優のすばらしさがある。

　イロナ役のエリカ・マロジャーンは美しく色っぽい。レストランで料理を出すのもきまってる。3人の男との複雑な関係をごく自然に演じている。1972年ハンガリー生まれ。

　ピアニストのアンドラーシュ役ステファノは1966年ローマ生まれ。細面で憂いを持った表情にイロナが一目惚れしたのも納得できる。

　オーナーのラズロを演じたヨアヒム・クロールは1957年ドイツ生まれ。落ち着きがあって面倒見がよく、嫉妬を焼かない男って出来すぎ。

　ドイツ青年ハンスを演じたベン・ベッカーは1964年ドイツ生まれ。どこで人格を変えたのか聞いてみたい。「特別許可証」を売ったり、宝石をだまし取ったりする（戦後に金持ちになった元手だ）。若いときに熱をあげていたイロナを買ったり、命の恩人のラズロを強制収容所に送り込んだりして、ひどいものだ。（ナト）

かくも長き不在

戦争は終わったのか。
待ち続ける女をアリダ・ヴァリが演じる。

アンリ・コルピ監督作品
1960年　フランス　日本公開1964年　98分

　　　　　パリ祭。軍隊が行進し、戦車が示威行進する。
　　　　カフェの前にトラックが停まり、運転手のピエールが店に入
っていく。カウンターの端に座ったピエールに女主人のテレーズ（アリ
ダ・ヴァリ）が飲物を出し指を重ねる。客たちはヴァカンスの話で持ち
切りだ。テレーズとピエールも旅の話をしている。
　翌朝、店の陽除けを降ろそうとしていたテレーズは、歌いながら歩い
て来る浮浪者（ジョルジュ・ウィルソン）を見て固まってしまう。ゲシ
ュタポに連れさられたまま消息がわからなくなっていた夫アルベールに
そっくりなのだ。
　次の日、浮浪者が店の前を通るとテレーズは店員のマルチーヌに「呼
びとめて」と後を追わせる。店に連れて来た浮浪者にマルチーヌはビー
ルを出す。テレーズはカーテンを引き、カウンターの奥から覗いている。
客が浮浪者とマルチーヌの会話に口を出す。浮浪者は身分証明書を出し、
「記憶を失っているので」と言う。テレーズは倒れながらうれしそうに
笑う。テレーズは浮浪者の後をつける。
　翌朝、テレーズはセーヌ河の河岸の小屋に行き、寝ている浮浪者を覗
く。浮浪者に話しかけるが、男は迷惑そうな表情をする。
　店のジュークボックスのレコードを入れ替えさせ、アルベールのおば
とおいを呼ぶ。浮浪者を店に招き、「セビリアの理髪師」をかける。3
人は大声でアルベールのこと、テレーズのことを話す。が、浮浪者は反

応せず、とまどったように店を出て行ってしまう。

　また次の日もテレーズは彼を招き、食事をすすめ、アルベールが好き
だったチーズの話をする。ダンスに誘う。ワルツを踊っていると、鏡に
彼の背が写る。頭の大きな傷あとが写る。

　店のまわりには町の人たちが集まり、様子をうかがっている。浮浪者
は帰る。テレーズが「アルベール、アルベール・ラングロワ」と呼ぶ。
叫ぶ声がリレーされていく。

　　　　戦争は勝敗が決まっていて、片方が降参したから終わったの
ではない。

　戦争に連れていかれた人たち、その消息がわからない人たち、障がい
を負わされた人たちにとっては戦後はない。家族を連れていかれた人た
ちにとっても戦後はない。

　パリでカフェを営むテレーズには新しい恋人がいる。が、そこに生死
がわからなかった夫に似た浮浪者が現われる。混乱するのは当然だ。

　テレーズは彼が夫だと思うが、確かめようがない。彼が好きだったチー
ズをテーブルに出し、好きだった音楽をかけ、ダンスをする。ワルツ
は回想させる。でも、彼は思い出せない。テレーズは言う。「あなたが愛
していた女を思い出さないの」　逃げるように男が走り去った後に言う。
「夏はよくない季節だわ。冬を待たなくちゃ」

　私は泣いた。が、恥ずかしくはなかった。アリダ・ヴァリの焦がれる
女の表現、ジョルジュ・ウィルソンのおどおどした不安の表情に、私は
辛くなった。

　原作はマルグリット・デュラスとジェラール・ジャルロ。

　そのマルグリット・デュラスの類似したテーマの自伝小説も映画化
されている（デュラス原作の『あなたはまだ帰ってこない』2017 年
126 分）。デュラス役をメラニー・ティエリーが、接近して来るゲシュ
タポらしき男をブノワ・マジメルが演じている。（ナト）

51

愛と哀しみのボレロ

モスクワ、パリ、ベルリン、ニューヨーク、
芸術家たちの戦争をはさんだ50年の軌跡。

クロード・ルルーシュ監督作品
1981年　フランス　日本公開1981年　185分

　　　　第二次世界大戦とその後の歴史の流れの中に、4都市の音楽家
や舞踏家たちの数奇な人生と、その家族の変遷を描くクロード・
ルルーシュ監督の大作。

　1936年、モスクワではボリショイ劇場で選考会が行われている。バ
レリーナの**タチアナ**はプリマの座を逃し、審査員の1人ボリスと結婚し
て、男の子を産む。1937年、パリの華やかなショーで伴奏していたバ
イオリニストの**アンヌ**は、ピアニストの**シモン**と結婚する。1938年、
ベルリンではピアニストの**カール**がヒトラーに褒められる。1939年、
ニューヨークで陽気にジャズを指揮するジャックの元に、臨時ニュース
でドイツ軍がポーランドに侵攻したことが知らされる。

　第二次世界大戦が勃発し、パリにドイツ軍の楽隊長として行ったカー
ルは、シャンソン歌手**エヴリーヌ**と恋に落ちる。ナチスのユダヤ人迫害
はフランスにも及び、アンヌとシモンは収容所行きの列車に乗せられ、
赤ん坊を途中停車した駅の線路にそっと降ろしていく。タチアナの夫ボ
リスは戦争で亡くなり、収容所でシモンはガス室へ送られた。

　1945年、ドイツ軍の撤退したパリでは、アメリカ軍の楽隊長ジャッ
クがパリ市民と陽気に勝利を祝っている。だがエヴリーヌは売国奴とし
て晒し者にされ、カールとの間に生まれた娘と故郷へ帰るがここでも迫
害され、自殺してしまう。収容所から生還したアンヌは、駅に置き去り
にした息子を必死に探し回るが見つからない。

　それから20年が過ぎ、エヴリーヌの娘エディットはパリへ旅立ち、アナウンサーになる。カールは著名な指揮者となりニューヨーク公演に行くが、ヒトラーとの交流を知る市民にボイコットを受ける。ジャックの娘サラは歌手に、タチアナの息子セルゲイは舞踏家となるが、自由を求めてフランスに亡命する。

　さらに時は流れ80年代、アンヌの息子ロベールは弁護士となり、本を出版したことで出自が判明。再会を果たしたアンヌは精神的な病に陥っていた。戦後40年、パリでユニセフと赤十字主催の大規模なチャリティ・ショーが行われ、エッフェル塔の前の舞台には多くの観客が集まっている。司会はエディット、指揮はカール、踊るのはセルゲイ、歌うのはサラとロベールの息子。曲目はラヴェルの「ボレロ」。

　観客の中にはロベールとアンヌがいて、モスクワのタチアナはテレビで見守っている。「ダン、ダダダダン…」と力強いボレロのリズムが繰り返され、登場人物たちの人生が歴史の中で繋がっていく。

　登場人物にはそれぞれ実在のモデルがいたという。パリのシャンソン歌手はエディット・ピアフ、ニューヨークのジャズ音楽家はグレン・ミラー、ベルリンの指揮者はヘルベルト・フォン・カラヤン、モスクワのバレエダンサーはルドルフ・ヌレエフという、まさに豪華メンバーだ。

　映画が公開された頃、私は20代前半で、ジョルジュ・ドンの踊るボレロが見たくて映画館に行き、多くの登場人物のからむ歴史に圧倒された。特に心に残ったのは、収容所に送られる途中、子どもを生き延びさせるために手放さなければならなかったアンヌ。夫をガス室に送る時弾いたバイオリンは、その後決して手にとらず、アコーディオンの演奏で糊口をしのぎながら、息子を探し回るが、会えないまま年老いてしまう。生き延びた息子の子（孫）が最後の場面で歌手として舞台に立つ。

　音楽家や舞踏家たちの人生をとりあげたことにより、歴史を音楽とダンスがつなぎ、何よりラストに「ボレロ」を踊るジョルジュ・ドンがすべてを引き受け、圧巻の舞踊を見せる。（リエ）

ガンジー

非暴力と不服従を貫いたガンジー。
その思想と激動の生涯を描く。

リチャード・アッテンボロー監督作品
1982年　イギリス・インド
日本公開1983年　188分

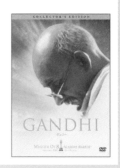

　　　映画は葬儀に出席したアインシュタインの「後世の人たちは
　　　想像することさえできないだろう。このような人物が実在したこ
とが」という言葉で始まる。1893年、弁護士として南アフリカに渡っ
たガンジー（ベン・キングズレー）は、インド人への差別を知り、イン
ド人だけが持たされている身分証明カードを焼き捨てることを呼びかけ
る。これが非暴力・不服従運動（サティヤーグラハ）の始まりだった。「打
たれても打ち返さず、避けもしない勇気が人の心に訴え、憎悪が消え尊
敬が増すのだ」。そして「牢に入れられ拷問されて死んだとしても、死
体を手にして相手は悟る。服従は手にできない」という強い信念の運動
だった。ガンジーは人種・宗教・階級の垣根を超えてアシュラム（共同
農園）を立ち上げ、この抵抗運動を進めていく。

　1915年、インドにもどったガンジーは、「非暴力・不服従で闘えるの
か？」という問いに、「テロは圧政を正当化する」と否定し、「積極的な
抵抗運動をする」と、祈りと断食の日として全土にストライキを呼びか
け、成功する。しかしイギリスの軍隊がアムリツァールの公園で集会中
の群衆に発砲し1516人の死傷者が出る。報復を訴える仲間を「彼らの
心を変えるのであり、彼らを殺そうとするのはこちらの心が弱いからだ」
「怒りに耐える勇気が必要だ」と説得し、英国製の衣類を焼きインド伝
統の衣服を綿から紡いで身につけるよう呼びかけ、自らもチャルカ（糸
車）を回し始める。イギリスに独占販売されていた塩を取り返すために

は、"塩の大行進"をして海辺で「塩を作ろう」と呼びかける。こうして徹底的な非暴力で運動をすすめたが、第二次世界大戦後に独立を目前にしたインドは、ガンジーの「一つのインド」の願いとは異なり、インドとパキスタンとして独立する。案の定、宗教間の争いは内戦状態を起こし、ガンジーは争いを止めるために命をかけて断食を行なう。

「私は失望するといつも思う。歴史を見れば、真実と愛は常に勝利を収めた。暴君や残念な為政者は一時無敵に見えるが、結局は滅びている……」。やがて民衆は武器を捨てる。しかしガンジーはさらに「悪魔は心の中にいる。心の中の悪魔と戦うのだ」と、パキスタンに向かおうと決意する。1948年、凶弾に倒れたガンジーの葬儀には世界中から人々が集まり、遺灰はガンジス川に流された。映画は川面を流れていく花を映しながら終わる。

1869年生まれのモハンダス・カラムチャンド・ガンディーは、子どもの頃から引っ込み思案で恥ずかしがり屋、弁護士として法廷で反対尋問ができなくて逃げかえってくるほどだった。映画で特に印象深いのは、妻のカストゥルバが階級にこだわり、アシュラムで「トイレ掃除をしない」と抵抗する場面だ。ガンジーは「トイレ掃除は法律よりも大事だ！やらないなら出ていけ！」とつかみ出そうとする。カストゥルバが「どこへ行けというの」と泣きだすと、ガンジーは跪いて謝る。自分の考えは曲げないが、同時に妻の葛藤を受け止めるやさしさと忍耐を持っている人なのだ。

1942年にガンジーは「すべての日本人へ。あなた方日本人が中国に加えている攻撃を極度にきらっているとはっきり申しあげる」という手紙を送った。その日本に生きる私たちは戦後、憲法九条を手にした。

この映画を観ると何度も号泣してしまう、という感想を多く聞く。憲法九条の精神がまさにここにあると感じられるからだろう。私もその1人だ。リチャード・アッテンボロー監督は映画制作に20年かけたそうだ。第55回アカデミー賞作品賞を受賞、動員したエキストラは30〜40万人というから驚きだ。（リエ）

無言歌

荒涼とした砂漠の収容所で
男たちは死体を食べ、餓死していく。

王兵(ワンビン)監督作品
2010年　香港・フランス・ベルギー（中国語）
日本公開2011年　109分

物語

　砂漠。男たちが歩いていく。

　テントの前で男たちが壕に分けられる。壕の中は昼間でも暗い。換気も悪いようだ。男が１人倒れている。死んでいるのだ。他にも歩けない者がいる。でも誰も気にかけるでもなく働いている。

　労働教育農場という名の収容所で、給食はうすい粥。董(ドン)は食べ物と交換できそうな物はズボンとシャツしかないと陳(チェン)に相談する。それを手離したら来年の夏に着る物が無くなる。董は高級時計を持っているが、ここでは無価値だ。陳は「今を生きぬくことを考えろ」と言う。魏(ウェイ)と陳(チェン)に離婚の手紙が届く。右派の夫を持つと家族も暮らしていけない。粛清されてしまったり追放されてしまうのだ。

　零下20度にもなる収容所では餓死者、凍死者が今日も出る。雑草の種を食べる老人、ネズミを捕えて食べる者、人が吐いた物から穀物を選り分けて食べる者もいる。

　病人の中に、李(リー)の尊敬する駱(ルオ)先生がいた。土木関係の学者だ。

　ある日、董(ドン)の妻、顧(グー)が上海から来る。董と顧は医者だったと言う。董は死に、すでに埋められていた。服は盗まれ死体の一部は食われていた。顧(グー)は董(ドン)を見つけるまで帰らないと言う。仕方なく李(リー)は董(ドン)の墓に顧(グー)を連れていく。茶毘(だび)に付すと顧(グー)は号泣する。

　李(リー)は駱(ルオ)先生を連れて脱走する。

解説

　すさまじい作品だ。

　舞台は中国西部のゴビ砂漠。時は 1960 年。1956 年、毛沢東が「百花斉放・百家争鳴」を提唱する。人々はいろいろな意見をさまざまな方法で発表する。ところが翌 57 年、毛沢東は意見表明をした人たちに「反右派闘争」をかける。58 年には「大躍進運動」を開始する。56 年といえばフルシチョフがスターリン批判を公にした年である。

　こうして「右派」とされた人たち（50 万人以上といわれている）が収容所に送り込まれた。これを描いたのが楊顕恵の小説『夾辺溝の記録』だそうだ。

　王兵はこの小説をもとに『無言歌』を撮った。ドキュメンタリーではないから出演者は俳優である。が、野草の種を食べる老人は収容所の生き残りの李祥年本人であるという。王兵監督は彼を「特別出演」と紹介している。

　撮影はゴビ砂漠に作ったセットを使って行われたそうだ。中国政府の許可を得ていなかったので、常に危険を感じていたと監督は言う。

　映画を観ながら私も、よくぞ撮ったという感想を持った。監督をはじめとするスタッフも逮捕されないかとハラハラした。編集はフランスでしたようだが、よくフィルムを持ち出せたなと思う。公開されたあとも、スタッフや俳優たちは弾圧されていないかと気になる。

　明るく、私たちを楽しませてくれる映画は多い。だが、自分たちの国の恥部をそれこそ命がけで描く映画人もいるのだ。

　文化大革命が始まったのは 1966 年。この時もたくさんの人たちが失脚させられ、追放された。毛沢東語録を掲げて示威行動をした紅衛兵とは何だったのか。あの人たちは今どうしているのか。東京オリンピックがあり、三里塚空港反対闘争が起きた時代のことだ。

　それにしても、国や権力とはすさまじいことをするものだと改めて思う。（ナト）

グッドモーニングベトナム

実際に活躍したアメリカ人戦地DJ、
マシンガントークが戦争の現実を炙り出す。

バリー・レヴィンソン監督作品
1987年　アメリカ　日本公開1988年　121分

　　　　ベトナム戦争を取り上げた映画は多いが、本作品は過激な戦
　　　闘シーンの一切ない代わりに言葉のマシンガンを武器にした戦地
DJという独特の視点を通じた反「戦争映画」の名作といえよう。DJと
いう多弁饒舌な普通のアメリカ人代表と、はにかみ屋の農民であり一方
で家族がベトコンであったりもする両義的な存在としての一般のベトナ
ム人との交流（それは軽い親切であったり、かりそめの恋愛であったり
する）の不可能性＝ディスコミュニケーションの非情さを丁寧に描き、
戦争の悲劇と、アメリカという大国の良かれと自文化を押し付ける能天
気な傲慢さを浮かび上がらせる。監督は『レインマン』を撮っている。
　「グーウッド、ムオーニング、ヴィエトナム！」　DJクロナウア（正
に適役のロビン・ウィリアムズ）が発する朝の放送一番のこの叫び声と
ともに、内容はほぼ即興という下ネタ交じりの本音マシンガントークと
1960年代前半のロックンロールが怒涛の如く押し寄せるラジオ番組は、
それまでのお仕着せのつまらない内容に飽き飽きしていたベトナム戦争
派兵の兵士たちから圧倒的な人気を博する。実在のDJエイドリアン・
クロナウア空軍上等兵は南ベトナム駐留アメリカ軍向けのサイゴン（現
ホーチミン）放送局に1965年に派遣され、彼の半年の体験がほぼ忠実
に映画化されている。
　ベトナム戦争は1955年に始まり1975年のサイゴン陥落で終わる
20年間の戦争だが、実は日本も米軍に出撃基地を提供していただけで

なく、1945年の第2次世界大戦終結時、ベトナムは日本軍が占領していたという意味で重要関係国だ。終戦による日本軍撤退後、ホー・チ・ミンが北ベトナムにベトナム民主共和国を建国したが、1955年にゴ・ディン・ジエムがベトナム南部にベトナム共和国を建国し南北で内戦状態となり、北をソ連が、南を米国が支援する代理戦争の様相を呈する。

　この映画は、ケネディが始めた軍事介入を受けジョンソン大統領時代のアメリカ軍が軍事支援の一線を越えて北ベトナムへの北爆を開始した1965年が舞台になっている。

　クロナウアは、街中で見かけた美少女トリンを追いかけて彼女とその兄ツアンの通う英語学校に押し入って無理やり英語の講師役を務め、日常スラングを教えることで生徒たちとの距離は縮まっていく。「白人はほしいものを盗んで帰っていくから信じられない」と非難されても、クロナウアは米軍相手のバーで差別されるツアンを守った。しかしベトコンを家族に持つトリンからは拒絶される。戦争はふたりの溝を埋められない。

　機密情報を放送して一度は停職になるが、兵士からの人気には勝てず復帰し、前線での生放送のために移動中のクロナウアはベトコンからの襲撃に遭い辛くもツアンに助け出される。襲撃に応酬して美しい田園風景のなかベトコン掃討に向かうヘリをバックに、ルイ・アームストロングが1967年発表した名曲『この素晴らしき世界』（原題 What a Wonderful World）があまりにも美しく痛々しく無情に戦場に鳴り響く。

　1975年の戦争終結後、ベトナムとアメリカが講和したのが1995年。1987年製作の本映画はベトナムではなく隣国タイで現地ロケされ、トリン役もタイ人女優（チンタラー・スカパット）である。戦後アメリカの生んだ名優ロビン・ウィリアムズは、2014年8月11日自殺する（享年63歳）。アメリカのもっともよき部分を映画で見せてくれた彼の繊細かつ大胆な演技はもう映像の中でしか目撃できない。

　脚本ミッチ・マーコウィッツ。ゴールデングローブ賞映画部門主演男優賞（ミュージカル・コメディ）受賞。（h↑2）

ブレッドウィナー

タリバンに制圧されたカブールで、
少女は生きのびるために少年になる。

ノラ・トゥーミー監督作品
2017年　アイルランド・カナダ・ルクセンブルク
日本公開2019年　94分

物語

　　　ざわめきが聞こえてくる。市場のようだ。「女に物を売ったな」
と怒鳴り声がする。道端に敷いた布に品を並べている父と娘の
パヴァーナ。売り物は娘のおしゃれな服だけ。きりりとした目の娘は機
嫌が悪そうだ。なだめるように父がその地の昔の話をする。それをタリ
バン兵がとがめる。座ったまま答えると、若い兵が立って話せと父に命
令する。父には右足がない。戦闘で失ったのだ。

　父と娘が家に戻る。暗い部屋の中にはやつれた母と、髪の長い姉と幼
い弟がいる。食事をしているところをタリバン兵に襲われ、女に本を読
ませていたと、父は逮捕され連行されてしまう。翌朝、父を返してもら
おうと、母とパヴァーナは刑務所に向かうが途中で女だけで外出するな
と、持っていた父親の杖で母はさんざん叩かれてしまう。

　パヴァーナはおびえる弟をなだめようと物語を聞かせる（原作にはこの
物語はない）。――貴重な種が獲れたので村人が宴を開いた。そこに大きな
牙の象の手下の怪物が来て種を盗んでいった。村の少年は取り返しに行く。

　女の子が市場に買い物に行っても誰も売ってくれない。水もおちおち
汲めない。家族は困りはててパヴァーナの髪を切り、なくなった兄の服
を着せ、男の子のふりをさせる。

　買い物もうまくいき、同じように男の子に化けている友だちにも会う。
デラワと名乗るその子はチャイ配りをして金を稼いでいる。が、女とば
れて殴られている子もいる。パヴァーナも怖がる。

解説

　映画を観ている私も怖くなる。これはドキュメンタリーではなく、アニメーションだ。原作者はカナダ人だし、アニメの制作会社はアイルランドにあり、トゥーミー監督もカナダ人の女性である。そうとわかっていても怖いのだ。

　ニューヨークの超高層ビルにジェット機が突っこみ、炎上し崩れていくのをテレビで見たのは、2001年9月11日のことだ。ＳＦ映画の1シーンだと思ったという人も多かった。だが、現実の同時テロだとわかっても、なお信じたくなかったという人も多かったはずだ。追って、アルカイダというテロ集団の犯行だとか、リーダーはビンラディンだとかと情報が入ってきて、アフガニスタンにはタリバンというイスラム原理主義の組織があり、アルカイダとも連繋しているらしいという話も入ってくる。やがて、アメリカがイラクに侵攻し、フセイン政権を倒したというニュース、アメリカがアフガニスタンにも侵攻したというニュースも入ってきた。9・11からまだ20年も経たないのに、ＩＳが出てきたり、シリア内戦が起きたりした。そして、アフガニスタンについての情報はあまり伝わらなくなってきた。めまぐるしく動く世界の情勢の中でアフガニスタンのことが埋没していくのも仕方ないことなのだろう。

　しかし、アフガニスタンで生きている人たちはいるのだ。その人たちにとっては混乱は年表の中の1つの項目ではない。過去の出来事にはならない。今も困難は続いているのだと思う。

　このアニメ映画に描かれた11歳の少女パヴァーナは仲間に働くことを教えられ、食べ物を拾って生きていこうとする。男の子の名前オテシュを名乗って、市場で手紙の代読、代筆をして金を稼ぐ。力仕事もする。オテシュとデラワは20年後に海で再会することを約束する。でも、2人の頭上をアメリカ軍の戦闘機が飛んでいく。

　はたして、2人は海で再会できるのか。（ナト）

＊原作と日本語訳。第1巻は2002年、日本語版『生きのびるために』。第2巻は2003年、日本語版『さすらいの旅』。第3巻は2004年、日本語版『泥かべの町』。第4巻は2013年、『希望の学校』。デボラ・エリス著、さ・え・ら書房刊。

ゴジラ

「水爆大怪獣映画──ゴジラか科学兵器か
驚異と戦慄の一大攻防戦！」
今だからこそわかるこの映画のおもしろさ！

本多猪四郎監督作品
特殊技術 円谷英二 向山宏 渡辺明 岸田九一郎
1954年　日本（白黒）　97分

物語

　　　ゴジラのタイトルと同時に咆哮が響き、押し寄せるようなテーマ曲。船の航跡で泡立っている海面。船上でハーモニカを吹いたり将棋を指してくつろいでいる船員たち。突然、海面が泡立ち爆発するような閃光が悲鳴をあげる船員たちを襲う。炎を上げて燃える船体はSOSを発信する間に海に沈んでいく。

　国会の特設委員会から派遣された山根博士（志村喬）と娘の恵美子（河内桃子）、南海汽船の尾形（宝田明）、新聞記者などの調査団は大戸島で井戸や足跡らしい窪地から放射能を検知し、三葉虫を発見した後で巨大怪物に遭遇する。山根博士は国会で、大戸島の伝説に従って「ゴジラ」と呼ぶ。度重なる水爆実験で棲み家を破壊された海性爬虫類から陸上獣類へ進化する途中の二百万年前の生物で、多量の放射能を帯びていると報告する。

　東京湾に現われたゴジラめがけて機関銃部隊の攻撃が始まる。びくともせずに操車場を踏みつぶし品川駅に迫るゴジラと、線路沿いを悲鳴を上げながら逃げる人々。ゴジラの足に衝突して転覆する電車のスパークする光。電車を咥え、振り回すゴジラの特撮のリアルさ。高台から呆然と見るしかない山根博士たち。対策本部は東京湾全域に有刺鉄条網を張り５万ボルトの高圧電流で感電死させる作戦を立てる……。

解説　『ゴジラ』は日本最初の本格的特撮映画であり、怪獣映画である。それ以前にも戦争映画の戦闘シーンに特撮が使われたことはあったが、本編と特撮が互角に使われた画期的な作品なのだ。水爆実験反対という主張と、ゴジラの得体の知れない恐怖がしっかり伝わってくるスリリングな映画である。リアルタイムで見た多くの人は、布団や家財道具を乗せたリヤカーを引いて逃げ惑う群衆や、ゴジラが破壊して焼け野原となったシーンなどから戦争体験（空襲や疎開）を思い出し、ゴジラを戦争の象徴とも受け取ったようだ。それに対して、子どもたちは特撮に目を見張り胸を躍らせたらしい。

　そんな映画がどうして生まれたのか？　特殊技術（特撮監督という言葉はなかった）の円谷英二は『キング・コング』（1933年）を観て以来、いつか特撮をメインとした映画を撮ってみたいと思い、クジラとゴリラからゴジラと命名した田中友幸プロデューサーは当時社会問題にもなっていたビキニ水域でのアメリカの水爆実験と第五福竜丸の被曝、アメリカ映画『原子怪獣現わる』（1952年）をヒントに、前世紀の怪獣が水爆実験の影響で日本近海に現われるというアイディアを思いついたという。ゴジラのデザインは特技美術の渡辺明がイグアノドンの体形を参考にティラノザウルスやアロサウルスを加えたもの。前代未聞のその企画に東宝森岩男製作部長のゴーサインが出てできた映画なのだ。

　ゴジラが山の頂上に初めて姿を見せ、鍬や鎌を持った島民が転がるように逃げるシーンや品川駅のシーン、銀座和光ビルの時計塔を崩し、テレビ塔が倒されると共に落下していく人の姿など、特撮がらみで印象的なシーンは数えきれない。

　耳に残る言葉も多い。「オキシジェン・デストロイヤーが兵器として使われたら水爆と同じように人類を破滅に導くかもしれない」という芹沢博士の不安。そして「もし水爆実験が続けて行われるとしたら、あのゴジラの同類が世界のどこかに現われてくるかもしれない」という山根博士のつぶやき……。まさに、放射能をまき散らす原発事故として21世紀の日本に出現したのだ。（ビンジ）

グエムル　漢江（ハンガン）の怪物

三年寝太郎のような主人公。
怪物を追いウイルスに追われる
エンターテイメント。

ポン・ジュノ監督作品
2006年　韓国　日本公開2006年　120分

物語

　　　ソウルの休日。漢江（ハンガン）の水中から小型恐竜のような怪物（グエ
　　　ムル）が現れ、岸辺にくつろぐ市民を襲う。川岸で売店を営む
カンドゥは在韓米兵の男と2人、怪物に立ち向かう。米兵は負傷し、カ
ンドゥは怪物に鉄棒を突き刺し返り血を浴びる。傷は怪物にはまったく
痛手にならず、パニックを起こし逃げ惑う大勢の市民を殺傷した後、怪
物はカンドゥの娘、中学生のヒョンソを尾に巻きつけ漢江の水中へ潜っ
てゆく。

　遺体安置所のヒョンソの遺影の前で号泣するカンドゥ、カンドゥの弟
ナミル、妹ナムジュ、父親ヒボン。そこへ、負傷した米兵が怪物に寄生
する未知のウイルスによる皮膚炎を発症し、伝染の恐れがあるというニ
ュースが流れる。現場に遭遇した市民たちは病院に収容され、返り血を
浴びたカンドゥは特に厳重に隔離される。深夜、カンドゥの携帯が鳴る。
感度の悪い切れ切れのヒョンソの声が、巨大な下水溝のような場所に閉
じ込められていると告げる。カンドゥたち4人はヒョンソを助けに行く
ため病院から脱出するが、ウイルスの保菌者とされているカンドゥを警
察や在韓米軍、さらに一般市民も協力して執拗に追跡する。追手から逃
れつつ怪物と対峙する途中、カンドゥのミスでヒボンが犠牲になる。ナ
ミルとナムジュは追手からそれぞれ逃げ切るが、カンドゥはふたたび監
禁されてしまう。3人はばらばらになりながらもヒョンソの救出のため
必死に奔走する。

ゴジラは自衛隊が総がかりで退治しようとするが、グエムルを追うのはたったの4人。しかもウイルス保菌者として、この4人こそが退治するべき敵かのように追われ続ける。

　ナミルは大学で民主化運動に傾倒したため定職を得られず酒浸り。運動の経験から武器として火炎瓶を大量に作る。アーチェリー選手のナムジュは大会でメダルを取るほどの腕前で、アーチェリーを携え怪物を追う。昼寝しつつ店番をするしか能のないカンドゥは、ヒボンに「赤ん坊のときは利発だったのに貧乏のため栄養不足で寝てばかりの大人になった」と庇われている。だが、怪物が襲ってくれば歯向かうカンドゥは無謀であると同時に勇敢とも言え、脳外科手術のために麻酔を打たれるも全く効かず、拘束された手術台から逃げ出すという、ただならぬ力を持った人物だ。グエムルは突然変異体だが、原因は経済成長による環境破壊という曖昧なものではなく、アメリカ人研究者が韓国人助手に命じて大量のホルムアルデヒドを漢江に捨てさせたせいだと明示されている。怪物由来のウイルスが蔓延すると警告するのは在韓米軍。ウイルスの存在をカンドゥの脳に求め手術を施そうとする米軍医師。さらに米軍はウイルスを死滅させる薬剤「イエローエージェント」を河岸に撒く。ベトナム戦争で散布された「枯葉剤」の英語名「オレンジエージェント」を連想させる。

　寝てばかりの怠惰な主人公が一転、力を発揮し怪物を退治するという、おとぎ話的怪物映画は、エンターテイメントとしての面白さを削ぐことなく、貧困やアメリカとの関係など、韓国の社会問題を照射していく。また、ゴジラは放射能を吐きながら街を破壊するが、グエムルは人間を「食べる」怪物だ。主人公の怠惰の原因が、貧困による食の不足であることと呼応しているのかもしれない。ジュノ監督は2020年、『パラサイト』(90頁参照)でアジア人初のアカデミー賞を受賞した。（かわうそ）

＊アジア・フィルム・アワード最優秀作品賞、アジア太平洋映画祭最優秀編集賞／最優秀音楽賞／最優秀助演男優賞（ピョン・ヒボン）。ファンタスポルト国際ファンタジー映画賞優秀監督賞、シッチェス・カタロニア国際映画祭最優秀視覚効果賞／オリエント・エクスプレス賞（ポン・ジュノ）。

華氏119

ドナルド・トランプを大統領？
アメリカの民主主義の動き。

マイケル・ムーア監督作品
2018年　アメリカ　日本公開2018年　128分

物語

　　　トランプが大統領選挙で勝利宣言した2016年11月9日にちなんでつけた題名。「こんな男が大統領を務めるアメリカであってはいけない」というメッセージを込めた作品だ。

　ミシガン州フリント市での鉛の入った水道水を貧困地区の人々に飲ませる問題や銃規制問題など、さまざまな問題に切り込む姿勢が印象的だ。コロンバイン高校だけでない、フロリダの高校で起きた銃撃殺傷事件に対して、全国の高校生が銃を廃止しようと立ち上がる様子、全国でデモを組織する高校生の姿は感動的だ。

　銃規制の集会に参加する中学生たちに対し、校長が「この集会に参加すると退学させる」とハンドマイクで呼びかけ、脅かす姿。しかし、当該の中学生たちは「この集会に参加するおれたち500人を退学させることができるならやって見ろ」と校長に言う。アメリカの中学生・高校生の自由を求める力、行動力に感服する。

　ミシガン州の教職員組合もストライキでトランプに対抗している。1週間ものストを打ち抜き5％の賃上げを含む、諸権利を勝ち取る。このストライキはミシガン州から全州に波及する。国歌斉唱に対して抗議の不起立をするフットボール選手の姿。アメリカの民主主義が強く出ている。

　オバマに対する幻滅。民主党に対する幻滅。アメリカで虐げられている人たちに政治が届いていないことが良くわかった。それでもバーニー・

サンダースへの期待が感じられる。新しい動きがアメリカで出ていることを実感させる。日本のマスコミでは全く取り上げない斬新な映像だ。

解説　2020年5月25日。黒人男性のジョージ・フロイドさんが白人警官に首を膝で8分40秒間押さえつけられ「苦しい。息ができない」と訴える映像がSNSで流された。この後、フロイドさんは病院で死亡する。この映像は全米に拡散され、各地で「BLACK　LIVES　MATTER」をスローガンとする抗議デモが、繰り広げられた。アメリカだけでなく世界中にデモは広がった。

　各地のデモには、肌の色を問わず多くの人が参加している。感染を恐れず密集する参加者に、ジェネレーションZと呼ばれる若い世代の姿が目立つ。参加者は「この反乱は黒人暴行事件だけをめぐって起きたのではない。米国の構造的な収奪に対する、白人を含めたアンダークラスによる反乱だ」と言う。また「人種差別主義者の像」等の引き倒しや撤去が行われているのも今回の抗議行動の特徴だろう。

　黒人のコロナ感染率は白人の2.4倍だ。また死亡率も高く、NYの犠牲者の72%が黒人だ。日頃から差別されている黒人貧困層がコロナでも切り捨てられている。PCR検査は有料で＄3000（約33万円）だ。保険に入れない貧困層は受けることもできない。

　10月1日時点でアメリカのコロナ感染者は738万人、死者は20万人超え。世界で断然トップの数だ。失業者は4月時点で1000万人を超えた。

　10月2日、トランプ大統領はコロナに感染し、入院した。これまでレムデシビルを2度投与したそうだ。この薬は日本では重症患者にしか投与しない薬だそうだ。この本が出版される頃、コロナ対策を軽視してきた彼の生き方が問われていることはまちがいないだろう。

　この作品は今全米各地で起きている「構造的収奪反対抗議デモ」を4年前に予言した作品として記憶されるだろう。（フカ）

陸軍登戸研究所

原爆に対し風船爆弾。
日本にとって無駄な時間だった。

楠山忠之監督作品
2012年　日本　完全版240分　上映用180分

　　　新宿駅から小田急線急行に乗って約15分、多摩川を渡ると登
戸駅に着く。JR南武線との接続駅だ。各駅停車に乗り換えて2
つ目の生田駅で下車する（私は藤沢市に住んでいるから、小田急線新百
合ヶ丘駅乗り換えで、各停3つ目）。歩いて15分くらいのところに明
治大学生田キャンパスがある。多摩丘陵の一角なので門を入ってから坂
道を登る（エスカレーターがある）。その先に明治大学平和教育登戸研
究所資料館がある。私は2018年5月に横浜学校労働者組合のメーデー
学習会に付いて行った。職員が案内してくれたのだが、資料館の建物そ
のものが、当時の陸軍登戸研究所のものだったことに驚く。

　　陸軍登戸研究所とは、陸軍中野学校（スパイ養成所）、石井731部隊
と組んで秘密戦謀略戦の研究をしていたところだ。有名なのは、毒薬作
り、生物兵器、風船爆弾、スパイ機材開発、そしてニセ札作り、ニセパ
スポート、身分証明書作りである。その毒薬研究と生物兵器作りをして
いたのが、この建物だったと聞いて、気味が悪くなる。クランク状の暗
室（光の直進性を利用）は電灯を消すと、本当にまっ暗になる。この中
で何が行われていたのだろう。風船爆弾のレプリカ（10分の1の大き
さ）、ニセ札も展示されていた。

　　広いキャンパス内には、動物慰霊碑（実験動物だけでなく人体実験の
犠牲者）などもある。

＊見学は水曜〜土曜　午前10時〜午後4時　TEL/FAX　044-934-7993

　映画は、日本映画学校の「人間研究」の授業で「陸軍登戸研究所」を
提案したことから始まる。2006 年のことだ。インタビューと写真撮影
のルポを校内で発表したら好評だったそうだ。それがきっかけで映画作
りを呼びかけると石原たみ、新井愁一ら 3 人が参加してきたという。こ
の若い人たちが明るい声でインタビューしたのが、この映画の成功のも
とになっている。ことに石原たみは生田の高校に通っていたのに登戸研
究所のことは知らなかったといい、知りたいという気持ちをもとにイン
タビューをしている。相手は構えることなしに、素直にしゃべっている。

　ただこの素直な話を聞いていると、戦争中に自分たちがしたことの重
大な犯罪性を自覚していないのではないかと思えてもくる。

　小山市在住の元第 3 科員は「ニセ札はかんたんにできる」とやり方を
自慢気に説明し、ニセ札のコレクションを見せる。生田に住む元雇員の
女性は「お昼には野原でひっくり返って歌を歌っていた」とのどかなこ
とを思い出して懐かしそうだ。研究所で働けば賃金も貰えるからあこが
れの職場だったと言う人もいる。研究所は予算が豊富で「おかげで僕は
金におんちになった」と言う人もいる。元第 3 科でニセパスポートを造
っていた人は「香港から印刷機などかっぱらってきた。香港から東京に
印刷所が移っただけ」と言う。

　その中で、第 2 科の班長だった伴繁雄の後妻に入った和子は「伴はい
つも目を吊りあげていた。人の心がある人かと思った。妻としていたわ
ってくれたことがなかったから、この人いらない」と思って伴の死後、
部屋から写真を外したと言う。伴は中国で人体実験をしていた。

　戦後、アメリカに連れて行かれたという人は「何をしていたかは言え
ない。墓場まで持って行く」と言いながら、自分たちがなぜ戦犯になら
なかったかをほのめかす。

　今は不動産屋をしている太田圓次は「登戸研は私にとって無駄な時間
なのだ。日本全体にとって戦争は無駄な時間」だと結ぶ。

　これだけの膨大な内容を 1 本にまとめた監督の編集力に驚く。（ナト）

ちむぐりさ　菜の花の沖縄日記

北国から沖縄に来た少女は
まっすぐに現実を見る。

平良いずみ監督作品
2020年　日本　106分

　　　　　沖縄の言葉ウチナーグチには「悲しい」という言葉はないとい
う。それに近い言葉は「ちむぐりさ」。でも、ただ悲しいという
意味じゃない。誰かの心の痛みを、自分の悲しみとして、いっしょに胸
を痛めること。──幕開けにテロップが流れる。声は坂本菜の花。本名
だ。能登の珠洲で生まれ育った菜の花は、那覇のフリースクール珊瑚舎
スコーレ高等部に入学する。無認可の学校なので、高校卒業の資格は取
れない。中学生のとき、東村高江のオスプレイ用のヘリパット建設反対
運動の現地に行き、おじいたちが「明るい」のを不思議に思ったことと、
珊瑚舎スコーレの授業内容に興味を持ったから入学したそうだ。
　このことを知った北陸中国新聞の記者が、菜の花に入学から卒業まで
月に1回の寄稿を提案した。第1回目の題が「おじい、なぜ明るいの?」
だ。この連載エッセイを読んだ沖縄テレビの記者が菜の花を追う。撮影
は菜の花が高3のときからで、アルバイトと奨学金で暮らすため、沖縄
料理店で働いているシーンから始まるが、2015年の入学式の映像もあ
る。珊瑚舎でウチナーグチを習い、三線を弾く。「二番主」という言葉
を教えられると屈託なく笑い、好きな言葉と聞かれて「ちむぐりさ」と
答える。夜間中学のおばあたちの勉強を手伝う。珊瑚舎開設15周年の
行事では戦争で学校に行かれなかったおじいおばあの体験をもとにした
ウチナーグチのミュージカルをみんなで創って上演する。慰霊の日にも
戦争体験を学習する。──これらの映像を沖縄テレビは持っていた。こ

れが地方テレビの底力だ。

　2016年4月には米軍属による女性暴行殺人事件が起きる。12月には名護市安部の沿岸にオスプレイが墜落する。近くに住むおばあさんに話を聞きに行く。テレビ局の取材は断ったおばあさんだが、菜の花だけは玄関に入れ、話をしてくれる（カメラは外から撮っている）。この子には話しておこうという気持ちにさせる雰囲気を菜の花は持っているのだ。ヘリが墜ちて炎上した東村高江の牧草地の持ち主を訪ねたときには、昼ご飯をごちそうになり、いっしょに野菜を摘んでいる。

　クルーは冬休みで実家に帰った菜の花を撮る。実家は湯宿を営んでいる。菜の花と弟のわび助が小学校でいじめに遭っていたことを話す。父の話を聞いている菜の花は、今までに見せたことのない表情をしている。クルーを小学校に案内する道で菜の花は「15分くらいだろうと思うけど長かったなぁ」と述懐する。

　沖縄の戦後の出来事を学び、目の前で起きていることを知って、菜の花は「私には沖縄だからという潜在的な差別が心のどこかにあるように感じます」と言う。「本土にいたら気づかなかった加害者としてのヤマトンチューである自分」とも言う。

　2018年3月。菜の花は卒業式に紅型の浴衣で出ることにする。が、縫いあがりそうもない。そこで珊瑚舎のおばあたちが手伝ってくれる。「ゆいまーる」である。2019年2月。辺野古の埋め立ての賛否を問う県民投票の日。「空気だけでも生で感じよう」と、沖縄にいく。珊瑚舎の仲間が、18歳未満の人たちに「わたしたちの県民投票」を街頭でしようと誘ってきたのだ。

　辺野古の海岸に行った菜の花は漁師に話を聞く。漁師は怒ったように「沖縄も日本も植民地だから」と言う。「石川県内灘で米軍の射爆訓練場を反対闘争で追い出したが、それは基地を沖縄に押しつけたことになるのか」と話しながら泣き出す。あわてて漁師は「泣くなや、笑って帰れ」となだめる。菜の花は怒られて泣いたのではなく、漁師の胸の内を思って泣いたのだと言う。「ちむぐりさ」である。（ナト）

シリーズ「**教えられなかった戦争**」

なぜ戦争が起きたのか。
戦争を必要としているのは誰か。

高岩仁監督作品
1992年「侵略・マレー半島」　1996年「フィリピン編」
1998年「沖縄編」　　　　　　2002年「第二の侵略」
2005年「中国編」

　　明治以来の日本の侵略を追った映画『教えられなかった戦争』
シリーズは全部で5本。第1作目の『教えられなかった戦争 ——
侵略・マレー半島』は1992年に完成。その後、96年『フィリピン編
—— 侵略・「開発」・抵抗』、98年『沖縄編 —— 阿波根昌鴻・伊江島のた
たかい』、2002年『第二の侵略 —— 開発・投資・派兵 —— フィリピン』、
2005年『中国編』と精力的に発表されていく。
　シリーズを製作した高岩仁監督(1935 − 2008)は、労働問題、環
境・公害、女性解放、在日朝鮮人問題、パレスチナやアフガニスタン等、
60年代から多くの分野で、映像作家として活動を重ねた人である。そ
の彼が、80年代、旧日本軍の侵略の実態を記録しようとして、当時何
度もマレーシアに通い住民の貴重な証言を引き出していた筑波大学附属
高校社会科教員の高嶋伸欣さん(現琉球大学名誉教授)の調査活動に同
行する中で、高嶋さんが生徒たちから繰り返し「戦争の原因を教えてほ
しい」と言われたと聞いて目を開かされた(高岩仁著『戦争案内』)。戦
争はだれが必要として起こすのか。それこそが、高岩監督がその後の彼
の人生をかけて追求した記録映画のテーマの発見であった。
　その姿勢は、シリーズ最初の『侵略・マレー半島』で前面に打ち出さ
れる。映画の冒頭から「日露戦争と三井物産」という字幕が流れる。日
本の財閥企業は、戦争に貢献し、満州や中国全土で巨大な利益をあげて
いくのだ。「太平洋戦争と石原産業」という字幕も出る。石原産業を築

いた石原広一郎は、アジア全域の資源を日本が支配し工業国家として君臨する、という構想の元、早い段階からマレー半島へ進出していくのだ。昭和初期には、日本の鉄鉱石使用量の半分がマレー半島の産出だったという。石原は2.26事件の計画に資金提供をしている。政党政治から軍が実権を握る国家に作り変え南方支配を実現すること、それが目的だ。

『侵略・マレー半島』は、太平洋戦争で日本が東南アジアに自由にできる経済圏を作り上げていく過程を描いていくが、それは高校生の問いに向け、「なぜ戦争は起きるのか？ それは戦争を必要としている人間がいるからだ」という高岩監督の答えなのである。

第2作、第4作はどちらもフィリピンが舞台だ。日本企業は20世紀初頭からフィリピンで、麻・木材・漁業等の様々な企業活動を行ってきたが、太平洋戦争によって日本軍の支配下となると、それは一挙に日本企業の独占支配へと転じていく。

日本の敗戦でその構図は終わらなかったのである。戦後はODA（政府開発援助）という名の元に、フィリピンの人々のためにではなく日本経済発展のために、形を変えてフィリピンから資源を奪っていくのだ。軍事侵略から経済侵略に変わっただけで、その構造は全く同じなのである。まさに「第二の侵略」とタイトルが付けられる所以である。

第3作は沖縄。伊江島の阿波根昌鴻（1903-2002）さんは、1925年、移民募集に応じ南米に渡る。8年後に帰国し、ペルーの古本屋で読んだ西田天香が京都に開設した一燈園を訪ねたり、内村鑑三たちが開いた興農学園に入学したりする経験を通し、農民が共同作業をしながら無料で学べるデンマーク式農民学校の設立を一生の仕事と決めて伊江島に戻っ

た。しかしその学校は、沖縄戦の中で、完成を間近
にしながら破壊される。そして戦後。銃剣とブルドー
ザーによる米軍の土地接収が始まった時、捨て身
の闘いを挑んだ伊江島の農民たちの先頭に立って、
非暴力による抵抗運動を続けたのが阿波根さんであ
る。それは沖縄における島ぐるみ闘争につながって
いった。

　伊江島から、90歳を過ぎてなお現役の活動家として「私たちの平和
運動は、米軍基地を日本からなくしただけでは終わらない」と発信し、「沖
縄のガンジー」とも称された。阿波根昌鴻さんの人生を中心に、米軍占
領下での闘いを描いた本作は1998年のキネマ旬報ベストテンの文化映
画ベスト1に選出、高い評価を受けた。

　第5作『中国編』では、中国侵略の先兵として中国
に渡った日本の貧しい農民や労働者たちの証言が映
される。侵略の背景にある財閥企業の姿。そしてそ
れに立ち向かった八路軍の元兵士たちの言葉が続く。
　どの作品でも繰り返し取り上げられるのは旧日本
軍の残虐行為だ。暴行、拷問、虐殺の数々。生き残
った住民たちから耳をふさぎたくなる話が次々に暴
かれていく。なぜ兵士たちはかくもむごいことができたのか。
　監督はそれを戦前の教育の結果として描いていく。アジアの人々への
蔑視、命の軽視。それは天皇を頂点にした神話教育によって生みだされ
たのだと。

　10年以上にわたる映画製作では様々なことがあった。その内容から
ビザが取れない取材である。マレーシアやフィリピンで撮ったフィルム
は、現地で事情を聞いた人たちが、それぞれの荷物の中に隠して日本に
持ち帰ってくれたという。また、この映画は一般の劇場で公開されるこ

とはなく、全国で映画に共鳴した地元の人たちの自主上映会という形で大勢の観客を得た。それは2008年の監督の死後、毎年一度10回にわたり、命日の前後に東京での上映会という形で引き継がれた。『教えられなかった戦争』は監督の作品であると共に、証言された方は無論のこと、監督の姿勢に打たれ協力した、こういう多くの伴走された方たちの作品でもあるのだ。

　実は、私は監督とご近所同士である。そんなご縁でよくお宅を訪問し、監督のご家族とも親しくさせて頂いてきた。監督は無頼派と呼ばれた作家檀一雄の末弟だ。檀一雄は料理本を出しているが、兄が大好きな監督は兄を真似て料理に精を出し、ご家庭では賄いを一手に引き受けていたらしい。よくラッキョウを漬けたが、上映会の後に、映画の話ではなくラッキョウの漬け方を聞かれたというエピソードをご家族から伺ったこともある。

　監督の急逝はシリーズ6作目となる「朝鮮編」を準備しているところであった。どのような構想の作品であったのか、周囲の人たちは聞いておらず、また残された文書などもない。ただ、監督には、かつて「江戸時代の朝鮮通信使」(1980年)や「解放の日まで　在日朝鮮人の足跡」(1986年)の映画制作に参加した経験があり、朝鮮に対する思い入れは大きかったのではないかと思われる。「きっと、かつて日本軍が朝鮮に対しどのようなことをしたのかを全部描き出そうとしていたのではないでしょうか」、監督の身近にいた人たちが私に語った言葉である。無念であったろう、思い残すことが多かったろう。しかし、何と清々しい生き様であったことよ。徹頭徹尾、弱者・少数者に思いを馳せ、権力を相手に怯むことなく闘い抜き、そして、早々と去って行ってしまわれた。私はその後ろ姿にただ黙礼するばかりである。（Sora）

長い映画

　366分、つまり6時間6分。『輝ける青春』（マルコ・トゥリオ・ジョルダーナ監督作品　イタリア　2003年　日本公開2005年）は、ローマの中流家庭カラーティ家の37年間を描いている。66年夏、ニコラとマッテオの兄弟は精神病院で虐待を受けている少女を救い出そうとするが失敗。これをきっかけにニコラは精神科医になって医療制度を変えようと決める。マッテオは軍隊に入る。ニコラは姉に「あるものすべてが美しい」と手紙を出す。フィレンツェの大洪水の復旧作業でニコラとマッテオは再会する。ニコラは大学生のジュリアと知り合う。ジュリアはサラを生むが「赤い旅団」に入ってしまう。80年、ニコラは検事になっている姉にジュリアの逮捕を頼む。マッテオが自殺する。カラーティ家は悲しみに包まれる。途中の30分の休憩があるので、11時開始で終わったのは17時40分。自分の青春と重ねながら、各地の風景を楽しんでいたから長いとは思わなかった。

　『ジョルダーニ家の人々』も長い。6時間39分。休憩を挟むと13時40分開始で終映21時15分。原題は"とどまるもの"。監督はジャンルカ・マリア・タヴァレッリ。イタリア・フランス合作　2010年。脚本のサンドロ・ペトラリアは『輝ける青春』も手がけている。

　ローマの中流家庭。だが三男の交通事故死がきっかけで家庭は崩壊していく。浮気、同性愛、不法移民、売春、病気…。この人たちは立ち直れるのだろうか。

　長さくらべならもっとある。観るなら4、5日前から体調をととのえよう。『旅芸人の記録』テオ・アンゲロプロス監督作品　ギリシャ　1975年　232分。『1900年』ベルナルド・ベルトルッチ監督作品　イタリア・フランス・西ドイツ合作　1976年　316分。『戦争と平和』セルゲイ・ボンダルチュク監督作品　ソ連　1965~66年　424分。『ショア』クロード・ランズマン作品　1985年　フランス　570分。　　　　　（ナト）

3

男と女、
家族もいろいろ

幸福の黄色いハンカチ

涙があふれるままに
幸せな気分に浸ろう。

山田洋次監督作品
1977年　日本　108分

物語

　　　新車を買って気晴らしに北海道まで出かけた欽也（武田鉄矢）は、途中でナンパしたひとり旅の朱美（桃井かおり）を乗せて旅をする。一方、6年の刑期を終えて網走刑務所を出たばかりの勇作（高倉健）も定食屋でいっしょになった縁で車に乗せてもらい、3人旅となる。3人は同時期に出会ったばかりなのでお互いの素性を知らない。車の中でそれぞれ少しずつ自分の身の上話をして親しくなっていく。はじめ勇作を「おじさん」と呼んでいた2人が、勇作の抗議を受けて「勇さん」と呼ぶようになるのも微笑ましい。

　若い2人の軽薄さにあきれて途中で、「ここから汽車で行く」と言って別れようとしたが、2人から引き留められて結局夕張まで行く。なぜ夕張に行くのか？　2人から問われるままポツポツ語る。6年前酔っ払いに絡まれて、はずみで相手を死なせてしまった。殺人罪で刑務所に行くことになった時、愛しているがゆえに妻の光枝（倍賞千恵子）に対し離婚を言い渡す。自分を待たずに幸せになってほしかったからだ。だが今も愛する気持ちは変わらないので、出所する時、「もし今も1人でいるなら、庭の鯉のぼり用の竿に黄色いハンカチを下げておいてほしい。それがなければ俺はそのまま通り過ぎ、夕張には戻らない」と書いたはがきを送ってあるという。光枝の住む炭鉱住宅に近づくにつれ、あいつが1人でいるはずなんかないと弱気になった勇作は、窓から外を見ることすらできない……。

解説　　何度も見ていて結末を知っていても、見る度に泣かせられる映画だ。解説をする時に、ネタバレを避けようという配慮なんかしなくてもいい映画なのだ。この映画を高倉健のベストとして挙げる人が多いのはなぜかを考えると面白い。この映画の少し前までの10年余り、高倉健と言えば東映任侠映画のヒーロー、「健さん！」だった。いうまでもなく任侠映画はあきれるほどのワンパターン映画なのだが、その中でも高倉健の演技は他の出演者とは一味違った深みを持っていることはファンにはよく知られていた。この映画の頃から高倉健は俳優としての幅の広さを見事に示しつつ、日本を代表する映画俳優の1人となった。

　泣かせられるシーンはいくつも続くが、その代表的なものを1つだけあげてみたい。

　妻の光枝が網走刑務所に面会に行った時、勇作は言う。「お前はまだ若いし、いい男と結婚して幸せになれ」。光枝は「あんたって勝手な人だねえ」と泣く。この思い出話を聞きながら朱美は「それじゃあ奥さんかわいそうじゃない」と泣く。勇作はそれに対して、「俺があいつにしてやれることってそれくらいじゃないか」と。そして隣にいる欽也が何も言わないのを見て「あんた何も感じないの？」と責める。だがふと気がついて、「泣いてるの？　ごめん、ごめんね……」と、これまた泣いて謝る。勇作と光枝の優しさばかりではない。軽薄が売りだった欽也も、勇作の優しさを身に沁みて感じていたことがわかる。ロードムービーという手法の良さが絶妙に生かされているのだ。車は現在走っているが、車中での会話は自在に過去の思い出と現在を往き来して、話をつないでいる。

　映画に見える夕張の町は今よりもずっとにぎやかで活気がある。炭鉱で栄えた時代の名残が撮影時にはまだあったのだろう。桃井かおりと倍賞千恵子の2人が映画をしっかりと支えているし、映画初出演の武田鉄矢の危なっかしい演技がいい味を出している。（ケイ）

田舎の日曜日

ありふれた日常を描く秋の日曜日。
一枚の油絵のようだ。

ベルトラン・タヴェルニエ監督作品
1984年　フランス　日本公開1985年　95分

物語　　老人が鼻唄を唄いながら靴を磨いている。家政婦も唄っている。パリから息子夫婦が孫を連れて遊びに来るので上機嫌なのだ。老人ラドミラル（ルイ・デュクルー）は駅まで迎えに行くのに歩いて10分だといい、家政婦はそれは若かった頃のことでしょうとからかう。顔を洗いながら自分の身体を見る老人は、まだまだ若いよと言っているようだ。

　駅に向かう途中で息子たちに出会い、車酔いしてしまった孫娘を肩車するけれど、すぐ疲れてしまう。

　ラドミラルは画家でアトリエの隅を描いていたところだ。その隅のソファーに嫁が座ろうとすると大声をだす。雰囲気が駄目になると言いたいらしい。ラドミラルはこの嫁のことがあまり好きではないらしく、「この女は働かない喜びにひたっている」と思っている。

　孫の男の子はアトリエの窓に泥を投げつけて父親に怒鳴られると、次にはルーペでこがね虫を焼き殺そうとする。

　庭を散歩しているうちにラドミラルは東屋で眠ってしまう。息子は、そんな父に死を予想してしまい、父の帽子を被ってみると、父にそっくりなのだ。部屋に戻って息子夫婦が昼寝をしていると、仔犬が飛び込んでくる。妹のイレーヌ（サビーヌ・アゼマ）も遊びに来たのだ。

　森のレストランで老父と華やかな娘はダンスを踊る。居合わせた客もウェイトレスたちもあたたかく見ている。

解説 　映画というと、激しい恋、意外なストーリー、派手なアクション、大音響の音楽が売り物と思いがちだが、まてまてこんな作品もあるのだと安心してしまう。『田舎の日曜日』のタイトルそのもので、ゆっくりした時間、ありふれた日常、おだやかな会話につつまれている。秋のパリ郊外の田舎の色もあたたかくていい。家族のファッションも中流家庭らしく華美ではなく品がいい。でも、息子夫婦が来るのだからときちんとしている。日常というのはこんなふうなのだなぁと共感してしまう。安心したのか、隣の席の中年女性は軽いいびきをかきながら眠ってしまい、前の席の若い女性が咎めるような目で首を回したりするので、私はおかしくなって、こちらの日常もこんなふうですよと、スクリーンの中の人たちに言いたくなってしまった。

　でも、おだやかな生活の中にも喜怒哀楽はある。新型のオープンカーに乗ってきた娘はいかにも天衣無縫に見えるが、姪の手相が薄命と出ていると判断して急に抱きしめる。父の絵が気に入らなかったのだけど、森のレストランで父が「印象派や新しい運動にはついていけないし、天才たちには及びもつかない。それでも、自分の世界を描きつづけてきた」と話すのを聞いて「どうして、もっと早く父を理解しなかったのか」と悔い、「踊って」と言う。私はこのシーンで泣きそうになった。親の生き方がわかるようになるには子どもも人生を重ねなければならない。「孝行したい時には親はなく、墓にふとんは掛けられず」という日本の格言がよくわかる。

　イレーヌに恋人から電話がくる。イレーヌは泣き崩れ、すぐパリに帰ってしまう。息子たちを駅まで見送ったラドミラルは、暗くなったアトリエでキャンバスの位置を変える。

　にぎやかだった秋の一日が終わる。過ぎ去った日々が甦り、亡くなった妻の声が聞こえてくる。家族・家庭にはおだやかさもあれば、言えない悩みをかかえた人もいる。ぜんぶを包みこむなんて無理。でも、いろいろを認め合うことはできるだろう。

　これぞ名画だ。（ナト）

八月の鯨

鯨を見たとはしゃぐ少女たちも老いる。
古典的な劇のような作品。

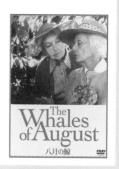

リンゼイ・アンダーソン監督作品
1987年　アメリカ　日本公開1988年　91分

物語　海辺の丘の上の別荘で、3人の少女が鯨が見えたとはしゃいでいる。少女たちの白い服がすがすがしい。ひとりが小舟を漕ぐ若者ランドールに鯨を見たかと聞く。

何十年か経ち、別荘には姉のリビー（ベティ・デイヴィス）と妹のセーラ（リリアン・ギッシュ）が来ている。やや背中の曲がったセーラは洗濯物を干しながら、小舟の音に気づく。舟を漕いでいるのはあの日と同じランドール。舟から降りたのは釣り道具を持った老紳士マラノフ（ヴィンセント・プライス）。セーラは会釈する。

姉のリビーは朝寝坊で、身なりもかまわない。リビーは目が見えなくなっている。イライラしてセーラにやたらとからむ。明日はセーラの46年目の結婚記念日だ。でも、夫は第一次世界大戦で亡くなってしまった。セーラは暖炉の上に飾られた夫の写真に話しかけている。そして姉の世話をする。

幼なじみのティシャ（アン・サザーン）がやってきて、事故を起こして免許を取り消されたなどとにぎやかにしゃべる。床下で水漏れの修理をしていた大工のジョシュア（ハリー・ケリー＝ジュニア）も顔を出す。マラノフが釣った魚を裾分けに来る。セーラはマラノフに魚をおろしてくれたら夕食と月の光をさし上げますと誘う。

そして、夕方、正装して花束をかかえてマラノフが来る。セーラもおしゃれをして出迎える。が……。

解説　　『八月の鯨』は1987年のカンヌ映画祭で上映され、大評判を
呼んだ。日本でも同年の第2回東京国際映画祭女性映画週間に
出品され、翌88年の東京の岩波ホールで、岩波ホール創立20周年記
念作品として公開され、31週間というロングランの記録を立てた。

　この大ヒットのわけはなんだろう。まず、主演のリリアン・ギッシュ
が93歳、ベティ・デイヴィスが79歳、ヴィンセント・プライスが76
歳、アン・サザーン78歳、ハリー・ケリー＝ジュニアが66歳であっ
たことだろう。みな俳優人生でさまざまな活躍をしてきた人たちだ。だ
から、演技がわざとらしくなく、人生の体験の豊かさが色濃くただよっ
ている。リリアン・ギッシュは妹役セーラを、ベティ・デイヴィスが姉
リビー役を演じているのだが、違和感をまったく感じさせない。

　脚本もよくできていて、年齢や時代を明示せずに、セーラが結婚して
46年、夫は戦死したこと、ロシアの亡命貴族のマラノフが宝石を持っ
てあらわれるという設定も観客の気を引く。マラノフの「冬にセントペ
テルスブルグへ帰ると、大公だった私の伯父が」というどこかうさんく
さい台詞もきざでいい（私は東京巨人軍にいたビクトル・スタルヒン投
手のことを思い出した。スタルヒンも亡命ロシア人の子だった）。

　そして、姉リビーのいらだち、露骨さ、勝手さもわかる気がする。セー
ラが亡き夫の写真に「あなたが生きていれば」と語りかけ、ワインを
口にするシーンには涙を誘われる。もうリビーの世話はできない。「こ
の冬は島（住居のある）にいるつもりよ」とリビーに告げるのだが、そ
れでもリビーの髪にブラシをかける。

　舞台はアメリカ北部のメイン州の海岸。レイチェル・カーソンの別荘
もあったところだ。

　見晴らし窓を作ろうとリビーは決めるが、鯨は来るのだろうか。

　岩波ホールは45周年記念にも再上映した。（ナト）

フォロー・ミー

沈黙の底から、感情の音が聞こえてくる。
あなたが好き、でも、わたしはわたし。

キャロル・リード監督作品
1972年　イギリス　日本公開1973年　95分

物語　ロンドンに事務所を構える公認会計士のチャールズ（マイケル・ジェイストン）と、カリフォルニア出身のベリンダ（ミア・ファロー）は結婚する。住む世界の違う2人の歯車は徐々に噛み合わなくなる。夫は毎日外出する妻の浮気を疑い、私立探偵を雇う。白いレインコートに白い帽子がトレードマークの探偵クリストフォルー（トポル）がベリンダを尾行し、10日目に報告にやってくる。探偵はまず夫婦のなれそめを聞いてから、1日目ベリンダは公園でピーターパンの像を見て、ホラー映画2本を2回ずつ見たこと、2日目はカフェでアイスクリームを食べた後、夕日が沈むまでじっと眺めたり、イルカのショーや美術館や植物園に行ったり、パブで踊ったりと報告し、最後に「彼女には"恋人"がいるかもしれない」と言う。怒ったチャールズがベリンダを問い詰めると、後ろをついてくる人と楽しみや喜びを分かち合いながら町を歩いた、一言も言葉は交わしてないと打ち明ける。しかし、それが夫の雇った探偵だと知ると家を出てしまう。探偵はベリンダを探し、チャールズを愛していることを確かめると、2人にある提案をする。翌日、白いレインコートに白い帽子をかぶり、ベリンダの後を無言で歩き出すチャールズがいた。

解説　テーマ音楽はジョン・バリー作曲の「フォロー・ミー」。孤独に揺れる胸の内を表すような不安定で美しい前奏は、観客をベ

リンダの心の中へと誘い込む。「フォ〜ロー、フォ〜ロー」と繰り返す
この名曲は映画の中で何度も繰り返される。ミア・ファローのすがるよ
うな目、おびえる表情、笑ったり泣いたりがこの曲調に乗って映しださ
れると、ロンドンの街並みさえ孤独に見えてくるから不思議だ。美術館
や植物園の光景さえ切なく感じられる。

　ベリンダを尾行する私立探偵を演じるのは、「屋根の上のバイオリン
弾き」で主演したイスラエルの俳優トポル。人間味あふれるこの探偵は、
白いレインコートのポケットにマコロンを入れて尾行をするうちに、ベ
リンダの孤独な心に気づき、温かい眼差しで見守り、ささやかな楽しみ
を分かち合うようになる。

　チャールズは、何かを教えてやれる女性ができたことを喜ぶ、上流階
級出身で地位のある男だ。ベリンダが「互いの宝物を見せ合い、毎日新
しい喜びを見つける関係を望んでいたのに、結婚したら目的地へ着いた
がごとく何も分け合えなくなった」と訴えても、全く意に介さない。自
分の心と感情を確かめるために、ベリンダは毎日 1 人でふらふらと町を
歩きまわるのだ。

　探偵といつしか後先を交換しながら、「フィッシュ通り、ビネガー広場、
カモ小路」と食べ物の名のついた場所を見つけて笑い合う場面は心が温
まる。探偵はベリンダに言う。「後をついて歩いた 10 日間、ゆっくり
沈黙の底にいるうちに、すばらしい音が聞こえてきた。それは自分の感
情がわきたつ音で、喜びを与えてもらったのは自分のほうだった」と。
そしてチャールズに「愛のない孤独な人生か、喜びと発見のある愛に溢
れた人生かどちらを選ぶんだ」と迫る。ラストは「フォロー・ミー」の
調べに乗って、離れて見つめあう 2 人の乗るボートが段々遠景になって
テムズ川を流れていく。「人は誰かの所属物ではない」と、心に灯がと
もる。20 代の私はこの映画が好きだった。

　監督はキャロル・リード（『オリバー！』『第三の男』）で、これが最
後の作品となった。音楽と映像と脚本が一体になって流れる一篇の詩の
ような映画だ。（リエ）

気狂いピエロ

男と女の破滅的な逃避行をコミカルに描く
ヌーベル・バーグの最高傑作。

ジャン＝リュック・ゴダール監督作品
1965年　フランス・イタリア
日本公開1967年　110分

物語　　　舞台はパリ。中年男のフェルディナン（ジャン＝ポール・ベルモンド）が、浴槽につかりながら傍らに立つ幼い娘に、美術史のような本を朗読している、なんとも意味不明な場面から始まる。どうやら妻とうまくいっていないようだ。ある夜、金持ちの妻の親が主催するパーティーで、フェルディナンはかつての恋人のマリアンヌ（アンナ・カリーナ）と出会い、いっしょに会場を抜け出し一夜を共にする。翌朝、目覚めると、彼女の部屋に首をハサミで刺されて死んでいる男がいる。フェルディナンは驚愕するが、マリアンヌは口笛を吹きながら平然と朝食を作る。「わけは後で話す」という彼女とともに、２人は車でパリから逃げ出す。警察からの追っ手を逃れるために、自動車事故死を装ったり、ガソリンスタンドで給油中の車を盗んだり、着の身着のままで金も無い２人は、あの手この手で車や金を調達し、海岸沿いの一軒家でロビンソン・クルーソーのような自給自足生活をしたりと、逃亡劇を楽しんでいるようでさえある。彼女は彼のことをなぜか「ピエロ」と呼び、そのたびに彼は「俺はフェルディナンだ」と言い返す。彼女は兄のいる南仏に行けば金が手に入るというのだが、途中の町で奇妙な男の首をハサミで刺し殺し姿をくらます。居場所を突きつめると、彼女が銃の密輸団のボスと関係していたことがわかり、落胆した彼は彼女を拳銃で撃ち殺してしまう。彼は顔に青いペンキを塗りたくり、ダイナマイトを頭に巻いて着火するが、「くそ、こんな死に方はしたくない！」とあわてて

消そうとする。しかし青い海を臨む岸壁に火炎と白煙が立ち上り、カメラは大海原にパンして、「見つかった！　何が？　永遠が。太陽とともに去った海が」のアルチュール・ランボーの詩がかぶる。

解説　監督のジャン＝リュック・ゴダールは、20歳の時に映画批評家としてデビューし、28歳の時に監督した『勝手にしやがれ』（1959年）で、ベルリン国際映画祭銀熊賞を受賞し、ヌーヴェル・バーグの旗手と称され、この作品もヌーヴェル・バーグの到達点とも最高傑作とも言われ、ヴェネチア国際映画祭新鋭批評家賞（1965年）を受賞している。

　主役の、破滅的な逃避行を演ずるのは『勝手にしやがれ』で好評を博し、一躍国際的なスターとなったジャン＝ポール・ベルモンド。マリアンヌを演じるアンナ・カリーナは、パリでココ・シャネルと出会い、アンナ・カリーナと命名されてトップモデルとなる。ゴダールの長編第2作『小さな兵隊』（1961年）に主演女優として出演し、同年ゴダールと結婚。『女は女である』（1961年）でベルリン国際映画祭女優賞を受賞したほか、『5時から7時までのクレオ』『女と男のいる舗道』（1962年）などゴダール作品で主役を演じてきた。

　『気狂いピエロ』の原作は、ライオネル・ホワイトの犯罪小説『Obsession』（1962年）だが、ゴダールの他の作品同様に脚本らしい脚本はなく、ほとんどのシーンは即興で撮影されたという。冒頭の浴槽内で読む本にベラスケスの名が出てきたり、室内の壁にルノワールやピカソの絵が貼ってあったり、ゴッホやミロやモジリアニの絵がちらちらとあちこちの場面に写る。本好きのフェルディナンが綴るメモや台詞に、プルーストやバルザック、ジュール・ヴェルヌが登場するなど、随所に美術作品や文学作品が挿入され、ラストの主人公の無意味な爆死の後にランボーの詩の一説が引かれ、これが実に意味深長だ。なんとも滑稽で軽薄で、ナンセンスなロードムービーとしても楽しめるのだが、作品に埋め込まれた詩的な言葉と映像から立ち上がってくる生の手触りは鮮烈だ。（野上暁）

沈没家族（劇場版）

シングルマザーの子を
シェアーで育てる。

加納土監督作品
2018年　日本　93分

物語　　時はバブル経済崩壊後の 1995 年。地下鉄サリン事件や阪神淡路大震災が起き、世相がどんどんと暗くなる中、東京の東中野駅近くのアパートで、とある試みが始まった。シングルマザーの加納稲子が始めた共同保育だ。「沈没家族」と言う。

「ボク」は生後 8 カ月から 50 人以上の若者に世話をしてもらい、育った。ボク（加納土）が「ウチってちょっとヘンなんじゃないかな？」と気づいたのは 9 歳の頃。大学生になって改めて思った。ボクが育った「沈没家族」とは何だったのか。「家族」とは何なのかと。当時の保育人たちやいっしょに生活した人たちをたどりつつ、母の想い、そして不在だった父の姿を追いかけて家族の形を見つめ直していく。

解説　　ドキュメンタリー映画『沈没家族』は、加納土監督が武蔵大学（ゼミ担当教官は永田浩三さん）の卒業制作作品として発表した。PFF アワード 2017 で審査員特別賞、京都国際学生映画祭 2017 では観客賞と実写部門グランプリを受賞した。学生作品ながら、その後も新聞やテレビなど各メディアで取り上げられ続け、ついに劇場公開となる。私はこの間の経過は全く知らず、ポレポレ東中野に観に行った。

子育てを担当する大人たちは、自由にツチくんのお世話を楽しんでやっていた。映画を見ていると、当時の大人たちはいっしょにツチくんと暮らしている人たちもいるが、通いながらお世話する人もいた。自由な

空気を感じさせられる。そんなに広くない空間だけどゆったりしていると感じた。

「沈没家族」の子育てノートがポレポレ東中野に展示されていた。それを読むと、ツチくんに関わる大人の多さが半端でないこともわかる。子育てノートを担当が書くことで、皆で子育てを共有していることも良くわかった。

映画の中ではいっさい育児にかかわっていない父親も登場する。大学生になったツチくんのインタビューを受ける場面がおもしろい。「沈没家族」の仲間を嫉妬していたという。だから意地でも関わりたくなかったそうだ。加納稲子さんとは離婚していたのだが子育てはやりたかったようだ。家族に社会に受け入れられようともがく父親に親らしさを感じた。

仲間達が小学校の保護者会に行く、運動会ではみんなでお弁当を作って応援に行くなど、子育てを楽しんでいる様子が描かれている。

作品を観て驚いたのは、私の友人、長谷川ペペが保育人の1人だったことだ。ペペは早稲田大学文学部の前にある「あかね」という居酒屋を経営している。彼は「酒屋ではなく、居場所と言ってくれ」という。私は客で20年ほどのつきあいがある。自宅からも近いので時々顔を出す。ペペは金井康治（79 養護学校義務化闘争のとき足立花畑東小学校の門前で就学闘争を行った）を最後まで看取った人でもある。康治が30歳で亡くなるまで介護をし、いっしょに酒も呑んだそうだ。「あかね」では私も何度かライブを演ったことがある。

ツチ監督は、父親を訪ね、いっしょに缶ビールを呑みながら子育てについてしつこく聞く。父は照れて、なかなか本音を言わない。夫婦げんかの話がおもしろい。母親とも神田川沿いでいっしょに缶ビールを呑む。監督の最後の言葉が良い。「産んでくれてありがとう。」子どもから母親への最高の言葉だ。

しかし「沈没家族」に育てられた、ツチ監督のこの自己肯定はすばらしい。「親が無くても子は育つ」というが、こんな立派な大人に育ってくれたツチ監督の姿に感動した。（フカ）

パラサイト　半地下の家族

4人家族全員が失業。
どうやってはいあがる？

ポン・ジュノ監督作品
2019年　韓国　日本公開2019年　132分

　　　「おもしろい韓国映画がある」と友人に言われて観に行った。
半地下に暮らし、金持ちに寄生（パラサイト）する家族の物語だ。
韓国の貧富の格差社会をリアルに描いていて興味深かった。

　半地下とは地上と地下の間に位置する居住空間だ。窓が全くない地下
と比べて、半地下には地上と地下の半分ずつにわたる窓がある。半地下
の居住者は、この窓の上半分を通じて、家の前を通る人々の足だけ見て
生活する。半地下の家族が貧しい理由の1つは台湾カステラの店がつぶ
れるなどギテク（ソン・ガンホ）が事業に失敗したためだ。

　半地下に住む家族の生活の描写が細かい。窓のそばで立ちションをす
る酔っぱらいの姿。半地下は携帯の電波がうまく届かないので部屋の高
い位置にあるトイレの上で操作する場面。なぜ部屋の中で、高い位置に
トイレがあるのか。それは水圧が一番強い所でもあるのだ。洪水が起き
ると窓から水が流れ込む。家の中が水没する場面ではトイレの中から汚
物が逆噴射するという場面もあった。

　半地下部屋は朝鮮戦争の頃、防空壕の代わりに作られたものだという。
室内に太陽の光が入ってくる時間は少ない。そのため、室内はいつも湿
っていてカビ臭い。この半地下生活の臭いが「貧しさの臭い」だ。この
作品の中でパク社長がこの臭いに気づく。

　貧富の格差も細部にわたり丁寧に描かれている。ピザの箱作りの内職
で得た収入で家族が呑んでいるのは安い発泡酒だが、パラサイトしてか

らパク社長の家で呑むのは「サッポロビール」だ。社長の飼っている犬が食べるのは日本の「カニカマボコ」だが、半地下家族の長女はドッグフードのビーフジャーキーを食べる。半地下家族の長男が家庭教師として社長のパクさんの長男の所に来てから、長女が絵の家庭教師へ、母親が家政婦へ、父親がお抱え運転手へとパラサイトしていくテンポの速さが良い。また、ここでもう1組のパラサイト夫婦を登場させる展開がポン監督のすごいところだ。

　半地下に住む家族が正当な努力をせず金持ちに寄生（パラサイト）するのは、努力が報われにくい韓国社会が背景にあると言う。富と貧困が世代を超えて継承される事が特徴だそうだ。いくら努力しても階層の上昇ができない社会になっていると言う。韓国人の80％が「人生で成功するには、裕福な家に生まれることが重要だ」、66％が「韓国で高い地位に上がっていくためには、腐敗するしかない」と考えている。

　この後、ポン・ジュノ監督の作品を1本観た。『母なる証明』（2009年）は、「障害」をもった1人息子が女子高校生殺人事件の犯人として逮捕される。無実を信じる母親は自ら立ち上がり、息子の疑念を晴らすため、たった1人で真犯人を追って動き出す。この映画でも母親の執念と子を思う母の逞しさが丁寧に描かれていた。社会的弱者を描き、弱者同士が傷つけあう展開は通底している。

　2020年2月9日のアカデミー賞でこの韓国映画『パラサイト』は作品賞を受賞した。監督賞・脚本賞・国際映画長編賞にも輝いた。非英語圏の映画が作品賞を受賞するのは92年のアカデミー賞始まって初めてのことだそうだ。彼は授賞式で「最も個人的なことこそが、最もクリエイティブなことだ」と語った。個人的なディテイルに拘り、作品化していく姿勢はこの作品にも良く現れている。ポン・ジュノ監督の作品に目が離せない。（フカ）

シルビーの帰郷

孤児の姉妹と風変わりな叔母の暮らし。
「家庭」とは？　「生活」とは？

ビル・フォーサイス監督作品
1987年　カナダ　日本公開1988年　116分

物語　　夫に失踪され、幼い2人の娘と暮らすヘレンは、故郷フィンガーボーンの実家へ帰るが、娘たちを実家に預けると、自身は湖に車ごと入水してしまう。残されたルーシーとルシールは祖母に育てられ、祖母が亡くなるまでの7年を「郵便配達夫以外は老人ばかり」の環境に過ごす。祖母が2人に残した家と僅かな財産を半ば目当てに、祖父方の大おば2人が少女たちの面倒をみることになる。

フィンガーボーンは大きな湖を抱く山間の田舎町。冬になると湖にスケートができるほど厚い氷が張り、雪解けの季節に町は度々洪水にみまわれる。平坦な土地に生まれ育った祖父は山に憧れ、この地にやってきて鉄道の仕事につき、結婚し家を建て娘を持つが、湖にかかる橋から列車が転落する大事故で亡くなった。ルーシーたちが生まれるはるか以前のことだ。犠牲者たちの遺体はあがらず、今も湖の底に二百人が列車と共に沈んでいる。

フィンガーボーンの環境に馴染めない大おば2人は都会の暮らしに戻ろうと、少女たちの保護者としてヘレンの妹シルビーを探す。シルビーには放浪癖があり自分の母親の死も未だ知らなかった。冬の終わりのある日、シルビーがやってきた。はにかみながらも母の妹である叔母シルビーに期待するルーシーとルシール。大おば2人が去った翌日から続いた大雨で雪と氷が解け、町は大洪水となる。水浸しになった家で3人の暮らしが始まる。

　原題は「Housekeeping」。アメリカの作家マリリン・ロビンソンの同名小説が原作。housekeeping は辞書的には「一家を運営していくこと」。ヘレンは housekeeping が不可能になり2人の娘を遺し自殺する。祖母は夫の死後、夫の建てた家を守り娘たちを育て、さらに孤児となった孫を育てるが、祖母の維持した housekeeping は祖母の死によって綻び、シルビーにそれを繕うことはできそうもない。

　ルーシーとルシールは片時も離れず2人だけの世界に籠り育ってきた。シルビーが来て間もなく、妹ルシールのカンニングをきっかけに二人は学校をさぼり始める。半年が過ぎ「このままではだめ。大人になるべき」とルシールは宣言し学校や町のコミュニティに馴染んでいこうとする。家事に熱心でなく風変わりな行動をとるシルビーをルシールは受け入れられない。遂に家を飛び出し「家庭科教師」の養女になる。

　「自分が何を考えているかわからない」ルーシーは妹のようにはふるまえず、シルビーにも嫌悪は抱かない。シルビーはルーシーを遠出に誘い2人はボートを漕いで湖を渡る（母が入水し祖父の遺体が沈んでいる湖だ）。人里離れた谷の廃屋へシルビーはルーシーを案内する。コミュニティから外れひっそりと居場所をもとめた人間の痕跡にルーシーは強く惹かれる。

　ルシールは映画の舞台の 1960 年代アメリカの田舎町の一般的 housekeeping に忠実な生活を求めるが、代償に姉と叔母を手放す。ルーシーはその狭義の housekeeping の外側にある生き方を求めざるを得ないことを、自分と叔母シルビーの共通点として気づいていく。気候の厳しい土地にあって、少女たちが彷徨する湖畔や森、シルビーとルーシーが過ごす月夜の湖上はとても美しい。housekeeping すること即ち肉親に寄り添うことにはならず、自然の美即ち人間の暮らし易さとはならず、いずれも人間に常につきまとう問題だろう。1987 年東京国際映画祭　最優秀脚本賞／審査員特別賞。（かわうそ）

遠雷

昼は夫婦でトマトを作って
夜は抱きあう。それで十分だ。

根岸吉太郎監督作品
1981年　日本　135分

　　　　ビニールハウスの中の緑鮮やかなトマト畑。若い男が温度計を
　　　　見て、風を入れようとビニールを巻き上げる。隙間からベランダ
に洗濯物を干した四角い団地が見える——何代もかかって作った農地や
山林を根こそぎ削って、都会労働者の住宅団地や産業団地が建てられた
都市近郊の農村。土地を売って思わぬ大金を手にした農村家族と田畑や
雑木林の中に島のように建てられた団地のサラリーマン家族の物語——
ファーストシーンはそれを鮮やかに伝えている。

　売れ残ったわずかな土地にビニールハウスを建てて、トマト栽培を生
きがいにしている満夫（永島敏行）は祖母と母親と３人住まいの23歳。
金にネジを狂わされた父親は女と同棲している。ある日、スナックで団
地住まいのカエデ（横山リエ）に再会する。もぎたてのトマトを食べた
いというカエデに誘われるままにセックスをしてしまう。

　わずかな田んぼ作りをしながら工事現場で働いている幼馴染の広次
（ジョニー大倉）はトマトのもぎ取りを手伝ったり田植えを手伝ったり
しあう仲だが、カエデに夢中になって満夫と殴り合ったりする。

　満夫は母の勧めで、ガソリンスタンドに勤めるあや子（石田えり）と
見合いをする。背広にネクタイだが髭は剃ってなかったり、「嫁には来
るけど百姓仕事は嫌だじゃねぇ」と言ったりする。食事の後ドライブに
行き、モーテルに誘って、「いっしょにビニールハウスで働き、夜は抱
き合えれば満足だ」と話す。飾りもせずごまかしのない現実主義者とい

う印象はあや子にとって嫌いじゃなかった。裸になって「正直言ってあなたは5人目なの」と言う自然で屈託のない笑顔と裸体は鮮烈だった。1970年代に魅せられた桃井かおりとも秋吉久美子とも違う健康な女性像だった。今も目に焼き付いている。

　ところが後日、トマトの手伝いに来て、満夫の祖母と母とのいさかいを目の当たりにして結婚をためらう。トマトの値下がりも重なって自棄になる満夫だが「安くなっただけでおたおたしてどうするの。百姓は働いていれば生きていけるんだよ」という母親（七尾伶子）の言葉に救われる。あや子に対してだんだん本気になっていく満夫はガソリンスタンドに会いに行き、2階に台所やトイレを作ることを条件に結婚することで2人は合意する。団地でトマトを売る2人の晴れやかな声と笑顔。

　広次とカエデが駆け落ちした。探し回る満夫。

　結婚式の日。賄いの近所の人たちやあや子の父の豪勢な嫁入り道具も運び込まれ、飲めや歌えの大宴会となっていく。「村が戻ったみたいだね」という賄いのおばさんの声が聞こえる。にぎわうなかに広次から電話。こっそり会場から抜け出して、ハウスに酒と料理を持っていく満夫。これまでの経過を話し出す広次のアップの長回し。「あん時お前が来て俺を殴ってカエデを連れて行かなかったら、俺が今のお前だったかもしれない」と言う満夫。広次を警察に送って宴会に戻った満夫に歌えと言う声。ためらうが意を決して、広次のことは一言も言わずに歌うシーンは役と役者が一体化したような最高の表情＝演技だった。『サード』（1978年）を超えた永島敏行の演技だった。ここでこの歌？　と思わせた選曲もすばらしく、私は目じりを濡らしてしまった。

　にっかつでロマンポルノを撮っていた根岸吉太郎監督と荒井晴彦脚本の一般映画第1作。原作は立松和平（満夫に襟首をつかまれる受付役）の同名小説で、高度経済成長期に青春を過ごした30代の3人が時代のにおいを長回しの画面でじっくりと描いている。大嘘つきのカエデへの腹いせに村の六地蔵をスナックの入口に並べるなんて最高だね。（ビンジ）

収容病棟

終身刑務所のような病院の実態。
棄民ということだ。

ワンビン
王兵監督作品
2013年　香港・フランス・日本（中国語）
日本公開2014年　237分

　　　　　　　『鉄西区』545分、『原油』840分と長篇ドキュメンタリーで知
　　　ワンビン
られる王兵監督の『収容病棟』も237分の作品だ。

　夜の病室。ひとつのベッドに男2人が寝ている。同性愛者ではないよ
うだ。もうひとつのベッドの男は真っ裸だ。回族の男がベッドの上で礼
拝している。それをからかう男。上半身裸の男が廊下を走り続ける。

　王兵監督は病棟の男たちをひたすら撮る。コメントやナレーションは
ない。わずかに名前と収容年数が字幕で出るだけだ。ときおり、患者た
ちの会話が字幕で紹介される。それも片言だ。

　1人の男が言う。「ここに長くいると精神病になる。ほとんどの奴は
けんかで入れられたんだ」。

　泣きわめいている男もいる。「誰がここに入れたんだ」　翌日、面会に
来た娘が泣きながら「お母さんはここがいちばんだって。神経がまいっ
ただけ」と諭す。男は「面会に来なくていい」と静かに応える。男はど
うやら家の取り壊しか立ち退きでトラブルを起こしたようなのである。
このような「患者」も薬を無理に飲まされる。薬漬けにされてしまうのだ。

　入院費のことを話す「患者」もいる。ひと月2万元だそうだ。ペット
ボトル1ℓが20元、風呂は40元。生活保護手当のようなものは出な
いようだ。これでは金持ちしか入院できないだろう。貧しい家の「患者」
はどうされてしまうのだろう。

　正月に一時帰宅をする男がいる。老母が迎えに来る。帰った家は農家

の納屋だ。家具は何もない。父親は気難しい表情で奥に行ってしまう。男は村の中をぶらぶら歩くが、誰も声をかけてくれない。

　精神病棟に収容されるということは、家庭からも地域からも閉め出されるということなのだ。

　評論家の向井承子が戦争中の松澤病院のことを書いている。「キチガイにやる米はない」と言われ、敗戦前夜、動けない患者の枕元にわずかな米で炊いたおにぎり１つをおき、手を合わせて病院を後にしたという職員の話だ。

　杉田久女という俳人がいた。「花衣ぬぐやまつはる紐いろいろ」「谺して山ほととぎすほしいまま」など名句を詠んでいる。久女をモデルに松本清張は『菊枕』という短篇小説を書いているが、ここでは久女は狂人扱いされ、狂い死にしたとされている。

　確かに久女は1946年１月に大宰府の筑紫保養所で死去している。が、死因は精神病ではなく、栄養失調が原因の腎臓病である。なぜ松本清張は久女を狂い死にさせたのだろう。

　改めてスクリーンに映し出されている病室を見る。フロアー全体が鉄格子の中にある。部屋のドアは鉄。部屋の中には流しも蛇口もない。ガスコンロもない。クローゼットもロッカーもない。トイレもない。あるのは粗末な組み立て式ベッドだけ。

　男たちは壁に向かって放尿する。廊下で放尿する。廊下の蛇口で水を汲んで頭からかぶる。

　人権もプライバシーもない。文化的生活などはない。ゴミ扱いなのである。

　最後に監督の文章が出てくる。中国では精神病患者が１億人を超したと当局が発表している。その中には政治的な陳情行為をした者、一人っ子政策に従わなかった者、夫婦げんかで収容された者もいる…。

　暗澹ばかりだ。（ナト）

隣の女

隣の家に昔の恋人が引っ越してきた。
静かな田舎の激しい恋物語。

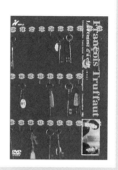

フランソワ・トリュフォー監督作品
1981年　フランス　日本公開1982年　106分

物語

　　　薄暗い田舎道をパトカーが走っていく。年配の女性がテレビ・レポーターのように説明する。彼女はテニス・クラブの経営者だという。彼女の左足は義足だ。

　ベルナール（ジェラール・ドパルデュー）は32歳。妻のアルレットは28歳。子どもが1人。名はトマ。幸せそうな家族だ。

　向かいの空家に夫婦が引っ越してくる。挨拶に行ったベルナールたちに夫フィリップが妻マチルド（ファニー・アルダン）を紹介する。マチルドはベルナールと握手するが変な表情をする。

　翌朝、アルレットとトマが出かけるのを確かめるとマチルドはベルナールに電話する。「静かに2人きりで話したいの。奥さんに言ったの、私たちのことを……。ここに来たのは偶然よ。でも偶然に感謝してるわ」

　でも、ベルナールは冷たい態度だ。アルレットはマチルド夫婦を夕食に招く。だが、ベルナールはすっぽかす。

　スーパーでベルナールが買い物をしているのに気付いたマチルドが話しかける。「小さな町の隣同士よ。逃げられないわ。あなたは私といっしょの時は愛をのろい、離れると愛を求めた。だから私は消えたの」

　そして2人はキスをする。2人はホテルで密会する。先に部屋に入ったマチルドは下着姿で胸をはだけている。

　が、ひょんなことから2人の関係は夫フィリップに気付かれてしまう。

解説

　　　トリュフォー（1932年生まれ）49歳のときの作品。トリュフォーはヌーヴェル・ヴァーグの監督のひとりとして、いろいろなテーマと手法の作品を撮っている。『大人は判ってくれない』（1959年）、『突然炎のごとく』（1961年）、『柔らかい肌』（1964年）、『華氏451』（1966年）、『暗くなるまでこの恋を』（1969年）、『アメリカの夜』（1973年）などの名作がたくさんある。『野生の少年』（1969年）はジャン・イタール著『アヴェロンの野生児』が原作で、"ヒトが人になるには"ということが大学の心理学関係者や学校の教員の間で話題となった。

　『隣の女』の舞台はフランス南東部のアルプス山脈の中の古い都市。小説家スタンダールが生まれたところだ。冬季オリンピックが開かれたこともある。その近くの田舎の町。

　静かな住宅地に、昔の恋人が道をはさんだ隣家に引っ越して来たのだから穏やかでない。

　ベルナールは逃げ腰になる。と、マチルドが追う。かくして、焼けぼっくいに火がつく。今度はベルナールが追い回す。マチルドは自制しようとする。

　『隣の女』のコピーは「離れていたら狂ってしまう　一緒にいたら燃えつきてしまう」だ。

　クジラだって悲しいと泣くと聞いて、マチルドは崩れてしまって入院。ことの次第を知った夫フィリップは引っ越しの準備を始める。

　この物語にテニス・コートの経営者も加わる。彼女は20年前に、恋をして絶望して、8階の窓から身を投げたのだ。彼女はベルナールに言う。「でもピアフの唄のように何も後悔しやしない」

　さて、私が考えたコピーは「離れていたら忘れてしまう　一緒にいたら倦きてしまう」。このことで当時の恋愛相手に責められた。

　色彩がすばらしいメロドラマだ。（ナト）

知りすぎていた男

♪〜ケ・セラ・セラ〜♪
サスペンス映画なのに明るい……。

アルフレッド・ヒチコック監督作品
1956年　アメリカ　日本公開1956年　120分

物語

　　　アメリカ人医師のベンと元歌手の妻ジョー、息子ハンクのマッケンナの一家はモロッコに観光旅行に来ている。バスの中でベルナールという男が親しげに話しかけてきたので、なぜか愛想が良すぎて気味悪いと思いつつ相手をする。ホテルに着くと歌手ジョーのファンだという、これも怪しい雰囲気のドレイトン夫妻が近づいてきて食事を共にする。

　翌日、市場を見物している時、突然バスの中にいたベルナールが何者かに刺され瀕死の重傷の中で、そこにいたベンに「ロンドンでさる政治家が暗殺される、アンブローズ・チャペル」と謎の言葉を囁いて死んだ。

　参考人として警察に行くベンにドレイトン夫人は、「坊っちゃんを連れて先にホテルへ帰ります」と言って、息子を連れ去った。実は人質としての誘拐だった。警察での尋問中、不審な人物から電話があり、「死んだ男が言ったことを漏らしたら息子の命はない」と脅され、この時点でベン夫妻はスパイ事件に巻き込まれたことを知る。息子を追ってロンドンに行ったマッケンナ夫妻は、ベルナールの残した言葉が教会の名であることを突き止め、教会に乗り込む。暗殺の打合せをしていたドレイトン一味に見つかったベンは、頭を殴られ気絶する。その時刻にアルバートホールでは、オーケストラ演奏中、シンバルの音に紛れて某国の首相を撃つという手筈だった。何も知らないジョーが隙間から見えた銃に驚いて悲鳴をあげたおかげで、狙撃手の手元が狂い……。

　　　　某国の首相を暗殺する、これが映画の主題なので、スパイ映画、サスペンス映画特有の暗さが底に流れるのは仕方がないか。ところがこの映画は明るい。なぜか？　少し考えてみたい。理由の第1は、ドリス・デイとジェームズ・スチュアートの持つ明るくて上品なキャラクターだろう。第2は、ドリス・デイの「ケ・セラ・セラ」の明るい響き。第3は登場人物が善人か悪人かが一目でわかるような顔をして出てくること。狙撃の実行役、教会の牧師夫妻、牧師の脇で暗殺の裏方を務めるメガネの女性……、みんな悪人ヅラでわかりやすくネタバレ同然だ。このわかりやすさは映画の明るさに通じる。

　ホールでのオーケストラ演奏会の翌日、大使館での緊迫した命がけの活劇の末、マッケンナ夫妻が息子のハンクを取り戻してホテルに戻った時、ホテルの室内では何も知らないジョーの友人たちがおしゃべりしながらのんびり待っていた。

　「やあお待たせしてすまない、息子を迎えに行っていたので」

　拍子抜けするほどあっけらかんとした結末である。この映画の究極の明るさがここに出ているとみたい。

　ドリス・デイの「ケ・セラ・セラ」にかかわる私の個人的な思い出を書いてみたい。

　この歌がヒットして、ペギー葉山や雪村いづみの日本語版が連日ラジオから流れていた頃、当時、私のいた中学校で小さなお茶会が開かれ、何人かの生徒が隠し芸としてハーモニカや笛や箏の演奏を披露した中で、英語の得意なM君が「ケ・セラ・セラ」を英語で歌って絶賛を博した。会の終わりの挨拶で校長さんが言った。「さっきのM君の歌はああいう歌詞だから仕方ないが、君たちは『なるようになるさ』なんて考えず、自分の道を切り開いてほしい…」

　一同シラーッ！　となったことを鮮明に憶えている。M君は舌打ちしていた。

　この映画を見るたびに思い出し、ドリス・デイが好きになっていった。

　　　　　　　　　　　　　　　　　　　　　　　　　　　　　（ケイ）

道

凶暴な大男の曲芸人と
無垢な娘とせつない歌。

フェデリコ・フェリーニ監督作品
1954年　イタリア（イタリア語）
日本公開1957年　108分

　　　海の近くの貧しい集落のある家に、ちょっと変わった娘がい
る。

　ザンパノーとボディに書いたオート三輪車から降りて来た男は、母親
に「ローザが死んだ。替りに妹を連れていく」といって金を渡す。

　妻のローザを虐待して病気で死なせておいて妹を貰いに来るザンパノ
ーもずいぶん身勝手だけど、1万リラで娘を売ってしまう母親も情が薄
いというか、育児放棄というのかとあきれて観ていると、当のジェルソ
ミーナは嫌がりもせずに付いていってしまう。

　ザンパノー（アンソニー・クイン）は村から村へと渡り歩いて、胸に
まいた鎖を肺の力で切るのを見せて小銭を貰うような芸人だ。ジェルソ
ミーナ（ジュリエッタ・マシーナ）は飯炊きをしながら芸を覚えていく。
ザンパノーはジェルソミーナの芸が下手だといっては暴力を振う。そし
て、自分の妻にしてしまう。

　それでいて金が入るとジェルソミーナを道に放り出し、自分は飲みに
行ったり、娼婦のところに泊まり込んだりするという生活だ。太鼓を叩
いては「ザンパノー、ザンパノー」と連呼して客を集めたり、道化のよ
うに踊ったりしてジェルソミーナは尽くすのだったが報われることはな
い。冬になり、2人は曲馬団に身を寄せる。そこにいた綱渡り芸人は“キ
印”と呼ばれていたが、ザンパノーをからかう。キ印はバイオリンで曲
を弾く。そして、ジェルソミーナに「存在価値」を教えてくれる。その

キ印をザンパノーは殺してしまう。泣いてばかりいるジェルソミーナを
道ばたに捨てて、ザンパノーは逃げてしまう。

　数年後、海辺のサーカスで、あの曲を歌う村の女をザンパノーは見か
ける。でも、それはジェルソミーナではない。

解説　　映画を観ていなくても曲は知っているという人も多いだろう。
ニーノ・ロータの作曲だ。『戦争と平和』『太陽がいっぱい』、フ
ェデリコ・フェリーニ監督作品『8 1/2』の曲もニーノ・ロータである（余
談です。①私の高校の司書教諭は「エイト、2分の1」と言っていました。
私たちは小馬鹿にして笑ってしまいました。原題は『OTTO E MEZZO』
です。②帽子をかぶって風呂で本を読んでいるスチールが有名ですが、
ゴダール監督『軽蔑』にも同じシーンがあります。当時のイタリアでは
それが流行だったのでしょうか）。

　フェデリコ・フェリーニ監督の作品も多い。『寄席の脚光』にはジュ
リエッタ・マシーナが出演している。2人は夫婦なのだ。『甘い生活』『ボ
ッカチオ70』『魂のジュリエッタ』がよく知られている

　ジェルソミーナの人を疑わぬ無垢さと、それをいいことにやりたい放
題のザンパノー。大男で粗野で欲望丸出しの曲芸人と、支えようとする
小柄で笑顔のかわいい娘。この対比が観客をハラハラさせる。

　修道院に泊めてもらったのに、銀の飾りを盗もうとするザンパノーに
初めて抵抗するジェルソミーナ。観客は、彼女に聖なるものを感じる。

　芸人仲間の「キ印」を怒り（嫉妬）にかまけて殺してしまい、泣くジ
ェルソミーナを置きざりにしてしまうザンパノー。もしかすると彼こそ
がいちばん不幸なのではないか。

　港町であの曲を耳にして、村の女からジェルソミーナが病死をしたと
聞き、初めて彼女を愛していたことに気付くザンパノー。

　あまりにも辛いラストシーンだ。（ナト）

私の3つの自慢

　3つ目は小説『大菩薩峠』文庫版20冊を読破したこと。214頁にもあるように、作者の中里介山はかなり風狂の人だったようで、作品の中にいきなり高尾山の観光用開発批判の論文が出てきたり、作品を批判した評論家らしい人が出てくるがすぐに横死させたりする。結局、物語は作者の死で、完結しない。しかし、おもしろい。

　文庫版にはいろいろな人が解説文を書いているが、その中には「全部読んでいないので、そのうち温泉にでも行ったときに」などと書いている人もいて、何巻目だかには「全部読んでから解説を書け」という批判も載っている。

　で、やはり読破したという人は少ない。だから、読破した人は自慢する。おまけに、私は駒井の殿様の子孫と知り合いだ。

　2つ目は、年間100本は、スクリーンで観ていることだ。たとえば2019年9月には大腸内視鏡の検査を受けているのに『愛がなんだ』『ハーツ・ビート・ラウド』『エッシャー視覚の魔術師』『サラブレッド』『ハミング・バード』『空中庭園を夢みた男』『少女は夜明けに夢を見る』『トスカーナの幸せレシピ』を観た。中旬には北海道静内のシャクシャイン祭に行き、心臓のアブレーション手術のことで3つの病院に行ったが、10本観た。すごいだろう。

　20年は、新型コロナウイルス騒ぎで、『レ・ミゼラブル』『現在地はいづくなりや』『ちむぐりさ　菜の花の沖縄日記』『モルエラニの霧の中』など25本しか観ていない。これでは私の自慢は消えてしまう（8月1日）。

　さて、自慢の第1位はというと、その場によって変わる。娘の結婚の席では「自慢の娘」だし、飲み会ならいっしょに飲んでいる「あなた」になる。

　さあ、次はどの映画を観ようかな。（ナト）

世界は広い

伝承文化と自然美

モアナ　南海の歓喜

百年前の南海の民が知っていたこと。
時代を超えたスローワードとは？

ロバート・フラハティ監督作品　アメリカ　98分
1926年　無声版公開
1980年　サウンド版
2014年　デジタル復元版　日本公開2018年

　　　丸木舟で沖へ出て、いつもどおり魚を獲る。椰子の木の天辺まで素足で昇り、実を切り落とす。森から野ブタを誘い出し、手作りのワナに掛けて捕まえる。陽が照る時間は海風の通る小屋でゆっくり午睡。夕方には村びとたちが見事な倍音のコーラスで浜辺を彩り、踊り太鼓の連打が若いモアナたちの結婚式を盛り上げる――。

　サモア諸島のひとつ、サバイ島で百年前に撮影された『モアナ　南海の歓喜』は今なおじゅうぶん新鮮で、いつの世にも共通する平和と幸福を、楽しげに、誇らかに唱い上げている。

　1926年、世界公開されたこの映画を、昭和の作家阿部知二は日本で観た。代表作『冬の宿』（1936年）にはこう描かれている。
「……従妹は活動写真に私を誘った。近所の小屋でセコンドランの南洋の画を映していた。南太平洋のサモア群島。珊瑚礁が透き通る透明な水の波紋。白い砂の上から光そのものの空の中に伸びた椰子。その椰子に猿のように登ってゆく裸の少年。白の波頭。魚の白い腹。独木舟。密林の中の瀑壺。ヒビスカス〔ママ〕の花を捲いたしなやかな褐色の女たち。土人〔ママ〕の唄。裸の男と女との四肢の動き。私はその二時間に何もかも忘れたように快くなってしまった。」

　辛い時代を描く作家に、この映画は一刻の安らぎを届けたのである（『冬の宿』引用箇所の発見者はナトセン。特記すべき指摘だ）。

　さらに映画が撮影されてから半世紀を経て、監督の娘モニカ・フラハ

ティは、映像を補完する音や声はまだ健在であるはずと信じて島を訪れて、自然音や人びとの歌声、踊りの地響きなどを採録。2014年、父娘2世代の共同作業でサウンド版が完成し、公開された。

日本で封切りされたのは2018年秋。東京岩波ホールには、題名は知っていたというコアなファンが集まっただけでなく、この作品が出口の見つからないまま呻いている現代文明の未来を示唆する光明であると気づく者も数多くいた。

じつは1920年頃、この映画に流れる思いとぴったり重なる主題を秘めた1冊の本が、欧州で話題になった。題名は『パパラギ』（サモア語で白人の意）、偶然にも『モアナ　南海の歓喜』の撮影とちょうど同時期に、同じサモアの島から欧州へ旅立った村長ツイアビの文明批評的つぶやきで構成されている。

ツイアビは「わたしたちに神さまのことを教えてくれたパパラギが、今いちばん信じているのは丸い金属と四角い紙」、それを思えば「わたしたちは今のままでじゅうぶん幸せだ。ヨーロッパは病んでいる。あんなふうになるのは止そう」と島の人たちを静かに説得する。

1970年、新装ドイツ語版『パパラギ』は刊行されると同時に評判を呼び、フランス、オランダ、スウェーデンなど欧州各国で翻訳され、1981年には日本語版が発売され、百万部を超えるロングセラーになった。蛇足になるが、ぼくは日本語版の担当者だった。百万部超えで社長賞が出たものの、金一封の中身は1万円ぽっきりだったと記憶している（笑）。

こうして20世紀初頭、ひとりの酋長とひとりの映画監督が、スローで豊かな南海の民の島の生活を、同じように「大いなるもの、善きもの」として描いたのはけっして偶然ではないだろう。

1冊の本が先端文明を批判し、1本の映画がそのアンサーソングを歌う──2者は1対となって過去を検証し、未来を予言する役割を担ったのである。

世界を巻き込む未曽有のコロナ禍を迎えた今、百年前の2作品に通底する「時代を超えたスローワード」に耳傾けたい。（ハチ）

スミス都へ行く

アメリカ民主主義への讃歌が聞こえる。

フランク・キャプラ監督作品
1939年　アメリカ
日本公開1941年　123分

物語　ある州の上院議員が急死、ただちに同じ党内から後任議員を指名することになった。残りの任期を務める議員は選挙を経ずに決まる仕組みになっているのだ。折しも同じ州のもう1人の古参議員ペインは地元の黒幕テイラーの手先となって、地元に国立のダムを誘致し、莫大な利益を得ようと企て、予定地をひそかに買い占めていた。この事業の成功のためには政治の裏事情にうとい人物が欲しかった。地元のボーイスカウト団長をしている青年、ジェフ・スミス（ジェームズ・ステュアート）がこうして議員に祭り上げられた。

　スミスは勇躍首都に乗り込むが、「政治のことを全く知らない田舎者が来た」と、メディアの恰好の餌食となり笑いものにされる。ここは自分にとって場違いだという悩みを信頼するペインに相談すると、「では君がやりたいことを法案に書いて上院に提出したまえ」と助言。勇んで書いた法案は、故郷のテリー渓谷に国立のキャンプ場を作るという内容だった。

　何とそこはペインらが企てていたダムの予定地だ。こんなものを出されては自分たちの不正がばれると怖れた黒幕たちは、スミスに汚職の罪を着せて上院から追放する策に出た。

　信頼していたペイン議員に裏切られ、政治の汚さに絶望したスミスは帰郷を決意したが、秘書のサンダースに知恵を授けられて気を取り直して議会に戻り、決死の覚悟で黒幕らの不正を暴く演説を始める。

解説　この映画は西ヨーロッパとアメリカの政治史の中で形づくられてきた民主主義の基本原理とでもいうべきものを、まるで教科書のようにわかりやすく示し、しかもアメリカ市民たちがそれを誇りにしていることが読み取れる楽しい作品となっている。

民主主義の約束ごととして映画の中で使っているものを4点だけあげると、

①立法機関の一員たる議員は、1人でも法案提出権を持っている（日本の衆議院では50人まとまらないと法案は提出できない）。

②上院の定数は96人、現在でも100人と規模は小さい。それでも本会議での審議は形骸化し、多くの議員は居眠りをしている。実質審議は少人数の委員会で行う。

③スミスが決死の覚悟で体を張って長時間演説に挑んだ時、ラジオの実況アナウンサーが全国に向けて叫んだことばが「議事妨害（長時間演説）は言論の自由の究極の手段であり、民主主義の最高のショーである」。

④スミスが演説を始めようとした時、それを無視するため全議員が退場したがこれは議長が諌め、議員たちが議場に戻る。

スミスは「ここから郷里に向かって訴えよう」と言って長時間演説を始めた。同僚の議員たちは聞いていなくてもメディアを通じて議会外の人たちに伝わればいい。この点は今も80年前と同じだ。だからテレビ中継のない国会審議は居眠りだらけである。

映画の中で渋い味を出している「上院議長」に好感を持つ人は多いだろう。この上院議長は副大統領が兼ねることになっていて、厳密な三権分立制をとっているアメリカの政治制度の中での例外となっている。

経済界の黒幕によるボス支配、利権政治の横行はいつの時代にもあることがわかるのもおもしろい。映画の中での「ダム・マフィア」は現代日本で言えば国交省、土建業界、族議員のトライアングルであり、「原子力ムラ」であろう。（ケイ）

マタギ

東北の大自然の山村で、
巨大熊を追う老マタギの執念。

後藤俊夫監督作品
1982年　日本　104分

　　　残雪の連山。白い山肌に熊が動いている。全体を見下ろす位置
　　　にいる統領（シカリ）の笛で、山下にいた猟師達（セコ）が叫び
声を上げ枯れ木をたたいて熊を追い立てる。中腹には横に逃げるのを防
ぐ猟師達（カカエ）がいる。上方でライフル銃を構えた撃ち手（ブッパ）
が発砲する。撃たれて激しく転がり落ちる熊と雪崩。山の神と仕留めた
熊に祝詞をあげ、解体を始める猟師達。ファーストシーンに描かれてい
るのは、マタギ本来の共同作業での熊狩りの様子である。

　「マタギ」とは上越国境から北の東北地方（特に秋田、青森両県）で、
独特の山神信仰を持って狩猟を生業としてきた猟師たちのことをいい、
その人たちが居住する山間の寒村をマタギ集落といった。

　関口平蔵（西村晃）は古いマタギのしきたりを守りながら、村田式単
発銃を使って一人狩りをしている老マタギだ。顔にはかつて撃ち損じた
熊にかじられた傷跡がある。が、孫の太郎（安保吉人）は名人と言われ
た平蔵を尊敬している。冬になって息子岩吉（山田吾一）が出稼ぎに出
ると、家は平蔵と孫の姉弟だけになる。吹雪の夜、マタギ犬のシロが子
を産んだと知らせる平蔵の顔がやさしい。雪が消えないうちに買付け人
が来て、マタギ犬になれそうもないチビが残された。

　春。父が土産袋を提げて帰ってきたが、シロが死にそうになる。「マ
タギ犬は死にざまを見せないものだ」と放してやる平蔵。振り返るそぶ
りを見せながらヨロヨロと山に入っていくシロ。泣いて見送る太郎と人

間のようなシロの動きが切ない。

田植えも終った頃、狩猟免許試験で視力の衰えから的を外してしまった平蔵は、命中できる距離を確かめながら谷川で練習を繰り返す。太郎と学校仲間がチビにマタギ犬の訓練をする様子を見て、平蔵は熊の爪を持ち出して本格的な訓練を始める。

秋。狩猟犬競技大会のスピーカーから秋田音頭が流れている。鎖につながれた熊にとびかかっていけないチビは失格になってしまう。雪が降り始めてまもなく、村の牛が食われ人間が襲われる事件が続発する。足跡の大きさから撃ち損じたあの巨大熊だと確信する平蔵。

そして冬。銃の鉛弾を作る平蔵。死を覚悟した山立の朝、付いてくる太郎に「山神様の掟に背くわけにはいかね」と帰らせる。それでもついてくる太郎に根負けした平蔵は山小屋のたき火に手招きする。猛吹雪に襲われ、作った雪洞の空気穴が埋まって九死に一生を得たりしながら雪山行を続ける2人と1匹は、ついに巨大熊と遭遇する。……雪山に見え隠れする熊の巨体と咆哮を捉えたカメラの冴えがすばらしい。

映画の舞台でありロケ地でもある秋田県阿仁町根子村に住んで、最長老のマタギからの聞き書きもある野添憲治著『マタギのむら——民俗の宝庫・阿仁を歩く』(社会評論社)には「根子は三面(新潟県)や檜枝岐(福島県)とともに、最後までマタギ集落として残った一つであった」とある。

『釣りキチ三平』で知られる漫画家矢口高雄(狩猟免許場の審査員で出演。横手市出身)には、阿仁マタギを題材にした傑作『マタギ列伝』(全6巻・汐文社)がある。また、直木賞の『邂逅の森』三部作(熊谷達也著・文芸春秋)もマタギを描いた小説だ。

名脇役者の西村晃はこの映画で毎日映画コンクール男優主演賞を受賞した。後藤監督は後年、故郷の伊那谷に帰って動物と人間のふれあいをテーマにした作品を幾つも撮った。(ビンジ)

山人の丸木舟
やまひと

朝日連峰の小さな集落。
2人で丸木舟を造る。

姫田忠義監督作品
1984年　日本　32分

　　　　姫田忠義監督と民族文化映像研究所の作品（118頁も参照）。
どんなところにも重いカメラ、マイク、録音機を持って撮影に入っていくのだからすごい情熱と根性だ。

　　新潟県朝日村奥三面。山形県境に近い朝日連峰。三面渓谷の奥。小さ
な集落だ。

　　1982年4月。村人2人が山に登っていく。としひろさんは丸木舟を
造ったことがあるが、まさみさんは経験がない。1955（昭和30）年代
にはもう丸木舟造りは行われなくなっていたとナレーターが言う。

　　何日かかけて木を探す。けっこう急斜面だ。せんのきがいいようだが、
見つからない。とちのきに決める。高さ十数メートル、樹齢二百数十年
という大木だ。叩いて空洞がないか、中が腐っていないかを確かめると、
根もとの雪を掘る。深さ3メートル以上だ。次にオノで木を切り倒すの
だが、丸木舟は木を切った場所で造るので、作業をしやすい方向に倒さ
なくてはいけない。

　　切り株にはしばを差す。山の神様へのあいさつだ。

　　奥三面の人は舟を造ることを舟打ちというそうだ。梢のほうを舳先、根
元のほうを艫、年輪のつまった木の北側を底、南側を上にするという。

　　上側にオノを打ちこみ、くさびをはさんで叩き、割りとる。"尾びらき"
という技術だとナレーターが説明する。

　　次は舟の中を掘っていく"中掘り"だ。掘る形に印をつける。"墨だし"

をする。ナレーターが奥会津地方の木地師の技術を思い出すと言う。その技術は奈良時代、あるいはもっと古い時代からのものと考えられる。その技術が奥三面に伝わってきたのは、とナレーターは考える。

　奥三面はダム湖に沈む集落で、奥三面の生活と技術を伝えるためのこの舟造りの復元作業なのだ、とナレーターが解説する。

　中堀りが終わったのは木を倒してから6日目だそうだ。それから手斧で削る。

　私は『鬼に訊け』(122頁参照)の西岡常一の言葉と技術を思い出しながら、『山人の丸木舟』の映像とナレーションに接したが、次には長野県諏訪の奇祭 "御柱^{おんばしら}" を連想した。

　2人で10日、のべ20日の "舟打ち" で完成した舟は長さ5.58メートル、幅62センチ。この舟を村人10人ほどが曳くのだ。昔は男が総出で、山からおろし、川を渡り、集落まで曳いたのだそうだ。

　山の下までおろすと、"舟祝い" をする。舟に御神酒を捧げ、みんなで呑む。舟はそのまま春まで雪穴で眠らせる。春になったら車で運ぶのだそうだ。

　春。雪塊がまだ浮いている谷川に舟おろしした丸木舟。区長が御神酒をかける。20年ぶりのことだという。広いところで舟を浮かべる。水棹^{さお}を持った男2人が操る。集落の子5人が初の客だ。子どもの心と体に "文化" は染み込むだろう。

　奥三面には縄文遺跡があり、平家の落人伝説もあるそうだ。なぜそんな山奥にと思うのは水稲文化、農耕文化の流れに連なる者たちの見方で、狩猟・採集民族の人たちは山のほうが暮らしやすかったのだろう。山の人たちも生活の技術と知恵は当然ある。文化もある。姫田監督は「雪が文化を創った」と言っている。なるほどと思う。

　ダムという近現代技術が、伝統的な生活を消していく。これは今のグローバル化と同じなのか。

　この記録映画と、116頁『チセ　ア　カ_ラ』は『シリーズ・日本のドキュメンタリー(生活・文化編1)』(岩波書店)に収録されている。(ナト)

アイヌの結婚式

アイヌ式の結婚式。
「寝た子を」と反対されたが。

姫田忠義監督作品
1971年　日本　35分

北海道沙流郡平取町二風谷。萱野茂（1926-2006　アイヌ文化研究者、アイヌ初の国会議員）さんに、アイヌの女性からアイヌの伝統的な結婚式をしたいと相談がきた。萱野さんは「文献に頼るのではなく、子どもの頃聞いたウェペケレやユカラなどをもとに」と考える。ところがウタリの中からも「寝た子を起こすようなことをするな」とか「そんなことできるのか。集ってくれる人がいるのか」と反対の声がでたという。「生きのびんがため、アイヌはアイヌであることをやめた」というナレーションも入っている。

　私は胸が痛くなる。私が小学校5、6年生だった頃（1955～6年）、アイヌの舞踏団が学校にきた。女の人たちは口に入れ墨をしていた。歌も踊りも静かなものだった。不思議な雰囲気だった。もちろん、アイヌという意味も、どんな生活をしているのかは、多分説明があったのだろうけど全く覚えていない。でも、その舞台のことは今でも思い出す。

　教科書には金田一京助が初めてアイヌの地にいったときのことを書いた文章が載っていた。「これは何？」という言葉を覚えたら、子どもたちがいろいろ教えてくれたという内容だったと思う。ほのぼのとした気持ちになったことを覚えている。

　でも、現実はほのぼのとではなかった。日本はアイヌの土地を奪い、言語を禁止し、生活様式を日本風に改めさせていたのだ。アイヌ民族は劣っているかのように思わせ、それを証明するために墳墓をあばき、頭

蓋骨を集めて測定するようなこともしていたのだ。漁撈を禁止し、鮭を獲った者は犯罪人にされる。耕作に不向きな土地を与え、耕作できないと土地を取り上げる。生活が困窮すると、貧乏だからと差別する。アイヌ同士の結婚を避けさせ、混血化を進める。

そのような政策をアイヌに対して取ってきたのだと、知らなかった私は映画の始まりで恥ずかしくなった。

結婚式の前に、新郎が住む二風谷では男たちが新居となるチセを作る。新郎は結納のときに贈るイコロ（宝物）にするマキリ（小刀）を作り、彫刻をほどこす。新婦は手甲にアイヌ文様の刺繍をする。

結婚式の朝、母親が娘にラウンク（貞操帯）をつける。娘は初めてアイヌの着物を着たという。荷物は着物数枚、ゴザに包んだだけだ。

迎えがくると、わらじを履いて2人で歩いていく。娘の住む勇払郡鵡川から二風谷には沙流川を渡らなくてはならない。沢の水は冷たいが、なれないわらじを履いた花嫁は歩いていく（途中は車を使った）。

二風谷では女たちが米を搗いてだんご用の粉を作り、鮭を切って料理の準備をする。

花嫁が着くと、女たちは一列になり迎える。花智の母親はハグで迎える。

チセに入ると、智はいろりの前で待っている。花嫁は荷物をとき、自分で刺繍した着物を飾る。

式の始めは「めしくい」だ。木の椀に盛られためしをまず智が半分食べて、嫁にまわす。おかずも汁もないから食べるのもひと苦労だ。次にいろりの火の神に酒を捧げ、智が飲み、嫁が飲む。

集った人は120人ほど。すわり唄（ウポポ）が始まり、鶴の舞いが出る。踊りは熱狂的になり、数時間踊り続ける。『モアナ』（106頁）の結婚式と共通していると思った。

67歳のおばあさんは「アイヌ式の結婚式は初めて見た。うれしいですよ」と話す。

智と嫁は、途中で抜け出し、新しい2人のチセに向かうのだった。

（ナト）

115

チセ　ア　カラ　われらいえをつくる

萱野茂さんが若い。
アイヌ文化を甦らす強い意志。

© グループ現代

萱野茂　企画　　姫田忠義　脚本・構成
伊藤碩男　撮影・編集
1974年　日本　56分

物語

　　　映像が出る前に字幕が出る。「この映画にはアイヌ語版と日本
語版があります。それぞれ独立した作品です」

　私が観たのは日本語版だが、アイヌ語を復権させようという強い意志
があるのだろう。

　古い家が解体されている。それを見ながら萱野茂さんが「新しい家を
アイヌの伝統的なやり方で建ててみたい。最後に建てたのは昭和23年」
と言う。樽前山の美しい姿が見えるから苫小牧あたりか。とすると白老
のアイヌコタンの近くだろうか。

　まずはチセをつくる場所を決める。峰尻や沢と沢の合流点は化け物
が通るからいけない。4月は「日の長い月」、材の多くはチ・コタヌ（私
ら・村）で伐った。しなの木の皮をはいで縄をなう。立木の皮は3分の
1しか剥がない。「あなたは神様だから、また新しい衣を作って下さい」
と祈る。――アイヌの知恵や信仰がさり気なく話される。

　設計図はなく、6尺の木が定規。いろりを作る場所で火をおこしカム
イノミをする。この場所で死んだ虫たちの霊にもあいさつする。

　柱を立てる穴は帆立貝の貝がらで掘る。ちょうどいい大きさの穴が掘
れると萱野さんはいう。柱は東側を最初に立てる。これにもちゃんと訳
がある。材を組み立て、ブドウづるで固定する。ブドウづるを採るとき
も、子どもたちや熊が食べるブドウづるは残しておく。

　カメラは丘の上から工事の様子を俯瞰で撮ったり、作業や萱野さんた

ちをアップで撮っている。何台のカメラが入っていたのだろう。

　12、3人の人たちが10日かけて母屋を建てる。続けて、先に屋根を造り、柱の上に乗せるという方法でもう1軒の家を造る。さらに「プ」といわれる高床式の食糧庫を建てる。できあがったお祝いの宴会"チセノミ"で、萱野さんたちは天井にヨモギの矢を射る。「これを打つときがいちばんうれしいですね」と萱野さんが言う。

解説　私は1989年に、ミクロネシア、ヤップ島のガアヤンさんから手紙をいただいたのをきっかけに、一連の授業を組み立てた。1993年には国連の「先住民族年」を考えようと、6年生担任の人たちと学年研究のテーマにした。10月東京中野区のポレポレ坐でアイヌ文様刺繍家チカップ美恵子さんの作品展があり、最終日にはアイヌ料理を食べる会があるとわかった。私は当時家庭科の教員をしていたので、当然最終日に行った。刺繍は神秘的だった。どのくらい時間をかけたのだろうか。会にはチカップさんも参加していたので、私は「6年生に授業をして下さい」と頼んだ。チカップさんは2つ返事で引き受けてくれた。話を聞いていた参加者の1人が「アメリカ・インディアンのデニス・バンクスが日本に来る」と教えてくれた。

　担任の1人が、NHKが放送した「トシばあちゃんの昔話　古老が語るアイヌの世界」（NHKプライム10　1993年10月放送）のビデオを持ってきた。

　授業の組み立てができた。
1、映画『ホピの予言』を見よう　2、『トシばあちゃんの昔話』を見る
3、映画『チセ　ア　カㄻ』を見る　4、デニス・バンクスと踊ろう
5、チカップ美恵子の刺繍と話　6、アイヌ料理を作る

　詳しくは私の『世界と交信する子どもたち』（1995年　現代書館）に収めてある。よくそんな授業ができたなぁと、私も思うのだった。このチセは2年後に、土地所有者がゴルフ場にするために壊した。アイヌは土地の私有をしない。（ナト）

イヨマンテ　熊おくり

アイヌ民族はカムイである熊を
神々の国に送り返す。

© グループ現代

姫田忠義監督作品
1977年　日本　50分＋53分

〈第一部〉観光的なやり方ではなく、伝承的な様式の熊おくりを
やろう——萱野茂（114頁）さんの呼びかけで、アイヌの若者た
ちが北海道沙流郡平取町二風谷の萱野さんの家に集った。

　2月24日から10日間、イヨマンテが開かれることになった。10年
に1度のことだ。雪の山に入り、柳を切り出す。木の大きさ太さを確か
めながらだ。切り出した木を削り、イナウは1週間棚で干される。ドブ
ロクを造り、よもぎで花火を作る。弓にするいちいの木に矢じりをつけ
る。矢ばねは鷹の羽で作る。女たちはだんごを作る。歌もうたう。

　丸太づくりの小屋で飼っていた子熊にごちそうを食べさせる。手でつ
かんで食べさせている。かわいがっていた子熊だから辛いのだろう。

　イヨマンテは人間に肉と皮を与えてくれた熊を神に返す儀式である。
感謝の気持ちと、また熊が来てくれるように祈るのだから、丁寧に、心
をこめて準備するのだろう。

〈第二部〉3月3日、イヨマンテ当日。家の中でカムイノミ（祈り）が
捧げられる。まず、アペフチカムイ（火の神）を敬う。家の外に作られ
たヌササン（祭壇）に祈りを捧げる。女たちが「エンヤホー」と声をか
け合い、輪舞を舞う。その間に若い男が檻の上から子熊の首に綱をかけ
る。なかなかうまくいかない。かかると檻の底を抜き、子熊を出し、綱
を太い木に巻きつけ子熊を動けなくさせていく。熊が暴れたら危険だか
ら慎重だ。

　花矢をみんなで打ち、毒矢でとどめをさす。次は熊の解体だ。毛皮を
はいで、木の枝にかける。頭を家の中に入れ、飲食が始まる。エカシ（長老）
たちがユカラを話し出す。が、話の途中でやめてしまう。ユカラを途中
でやめてしまうのは、熊が話の続きを聞きたくて、仲間を連れて、また
やってくるようにだだといわれている。真夜中に頭の皮をはぎ、頭蓋骨を
外のヌササンの前に立てる。熊の肉や胆はおみやげとして客に持たせる。

　イヨマンテ（イオマンテ）は 1955 年に北海道庁から「野蛮な風習」
として禁止の通達が出た。しかし、アイヌはイヨマンテは民族精神の中
心だからと通達の廃止を求め、2007 年に国が「動物を使った正式な儀式」
であると認め、通達は撤回された。じつに 52 年も後のことだ。

　『アイヌモシリ』（福永壮志監督作品　2020 年　日本・アメリカ・中
国　84 分）はドキュメンタリーではない。が、阿寒湖畔のアイヌコタ
ンが舞台で、出演者も主人公のカントもカントの母親もアイヌで実名で
出演している。

　カント（下倉幹人）はアイヌコタンで育った中学 3 年生。少し前に父
親を亡くしたことがきっかけでアイヌの活動に参加しなくなる。父親の
友人のデボ（秋辺デボ）はカントをアフンポル（死者の国に通じる洞窟）
の近くでキャンプしようと誘う。そして、内緒で子熊を飼っていると言
い、カントに飼育を手伝わせる。が、その子熊はイヨマンテで神々の国
に送り返すために飼っていたのだった。それを知ったカントはデボに不
信感を持つ。イヨマンテの日、カントは部屋にこもってしまう。父親（結
城幸司）が残したイヨマンテのビデオを一人で観る。このビデオが、『イ
ヨマンテ　熊おくり』だ。

　『アイヌモシリ』には、私が親しくさせていただいている山本栄子さ
んも実名で出ている。日本人研究者にアイヌの歌を録音させてくれと頼
まれて、渋々と歌うシーンがリアルである。廣野洋は剣の舞いをする。

　映画の中で、下倉絵美が経営するアイヌ民芸品店に来た客が「日本語
がお上手ですね」と言うと、下倉絵美が「学校で一生懸命勉強しました
から」と答えるシーンがある。笑うに笑えないところだ。（ナト）

よみがえる琉球芸能　江戸上り（のぼ）

絵巻物から琉球の音楽と
琉躍（りゅうおどり）と唐躍（とうおどり）をよみがえらせる。

本郷義明監督作品
2011年　沖縄　69分

　　　　1609年に薩摩藩が琉球に侵攻してくる。それまでは琉球は中国との朝貢貿易をしていた。琉球の国王が替わると、中国は新しい国王を承認する儀式（祝宴）を催していた。これを冊封（さっぽう）といい、何カ月も宴を開いたそうだ。

　2011年、中秋の宴が首里城で復元公演された。映画はそこからスタートする。

　薩摩藩の侵攻のあとは、琉球は国王が替わったり、将軍が替わると、使者を江戸に送るようになる。これを「江戸上り」または「江戸だち」というようだ。琉球人100人、薩摩藩士数百人の大パレード。2000kmの大旅行である。3代将軍家光のときから孝明天皇の嘉永3（1850）年の間に18回行われたそうだ（朝鮮通信使は1607〜1818年の間12回である）。

　この大パレードは、薩摩藩や江戸幕府にとっては異国を征服したぞと誇示するものだったし、琉球にとっては自分たちの文化を披露する機会だったのだろう。ヤマトの民衆は大喜びしたようで、『琉球人江戸入錦図』『琉球人大行列記大全』『琉球中山王両使者登城行列図』『江戸上り図』などが描かれている。

　琉球舞踏家で沖縄県立芸術大学名誉教授の又吉静枝さんは、絵巻のレプリカを持っていたこと、芸大生の卒業発表などから、「江戸上り」を復元することを決心する。東京日本橋で公演するというのである。嘉永3年

からだから160年ぶりのことである。又吉靜枝さんは「だから絵巻の人になって踊って下さいね、って注文をつけております」とおだやかに話す。

第1回打ち合わせに集まったメンバーもすごい。江戸上りの音楽御座楽(うざらく)の研究者もいる。

又吉さんと衣装、小道具の制作者たちは沖縄県立博物館・美術館に『琉球人座楽並踊之図』の実物を鑑賞に行く。「うわぁきれい」の声があがる。レプリカでなく本物を観に行くことは衣装や小道具を作るうえで微妙な違いが出るという。

映画は「江戸上り」の人たちの足跡を追っていく。鹿児島山川港には旧唐人町跡が今もあり、「大山琉球傘踊り」が町ぐるみで継承されているという。山川港から鹿児島港へ、島津公に拝謁したのち、島津公の参勤交代について瀬戸内海鞆の浦に寄ったという。居留地ではパレードをしたという。

それにしても、絵巻物を参考にするだけで160年も昔の伝統芸能を復元できるのだろうか。民族音楽研究家の比嘉悦子さんは「いったん消えてしまった御座楽はどんなふうに演奏し、どんな曲想かわからないから、それを追求していきたい」と難解さを語る。

でも、台湾の古い楽器の制作者を見つけ出す人もいる。京劇の専門家も協力してくれる。

練習に参加する青年は「昔、行列した人たちに、どうだかと見られているような気がする」と喜びを表現している。

160年ぶりの「江戸上り」。2011年2月26日、東京日本橋の三越劇場で公演された。絵巻から演者が飛び出していたかのような演出だった。

この作品の企画・製作にはシネマ沖縄が参加している。シネマ沖縄は『浦添ようどれ』『徐葆光(じょほこう)が見た琉球』の製作元である。『浦添ようどれ』のナレーターは津嘉山正種。津嘉山は『ちむぐりさ』(70頁)のナレーターもしている。

宮城栄昌著『琉球使者の江戸上り』が参考になった。(ナト)

鬼に訊け 宮大工西岡常一の遺言

千年のスケールを生きようとした
「法隆寺の鬼」西岡常一。

山崎佑次監督作品
2011年　日本　88分

　　　西岡常一は「法隆寺の鬼」と畏れられ、「最後の宮大工」と称
せられた人である。

　1908（明治41）年、法隆寺の宮大工の棟梁の家に生まれた西岡常一は、
4歳のときに法隆寺改修工事の現場に連れていかれたという。土のあり
がたさを知るために農学校に進学させられ、19歳で営繕大工として認
められ、1934（昭和9）年の東院の礼堂解体修理で棟梁となる。27歳
のときである。

　20年以上をかけた法隆寺の「昭和大修理」に携わったあと、法輪寺
三重塔再建、薬師寺金堂再建、西塔再建、中門再建などの大仕事をなし
とげる。1995（平成7）年に86歳で亡くなった。

　映画『鬼に訊け―宮大工西岡常一の遺言』は、山崎佑次監督が1990
年から撮り始めたビデオ作品がもとになっている。2011年に新たに薬
師寺長老のインタビュー、早朝の勤行などを撮って再構築したものであ
り、西岡常一の存在が重層的に描かれている。

　今は立派な宮大工になっているある弟子は、西岡常一のことを「こわ
かったですね。近寄りがたかった。神様みたいに毎日崇めていました」
と述懐するのだが、画面の中の西岡常一は大声で叱ることもなく、偉ぶ
ることもない。しかも伝えるべきことは短く的確に説くのだ。30歳以
上も若い山崎監督のインタビューにもおだやかな笑顔で丁寧に応えてい
る。

溶鉱炉から押し出された鉄のクギや刃は木に合わないと説明し、千年生きた木を使うなら千年を生きる建物を造営しなくてはと語る。

『法隆寺大工口伝』——木は生育の方位のまま使え。木を買わず山を買え。百論ひとつに統（すべ）るの器量なき者は謹み惧（おそ）れて匠長の座を去れ等々——を生きた人なのである。

また、法輪寺三重塔再建のとき鉄材を使えといわれたけれどじつは……、とか、薬師寺の再建のとき台湾からヒノキを大量に買いつけ修理用と説明したがじつは……、などと話すユーモア感覚も持っている人である。しかも、おしゃれなのだ。

西岡常一は「木のくせに合わせて道具を作れ」と教えている。そして槍ガンナを復元する。この映像には槍ガンナや手斧（ちょうな）で実際に木を削る場面が収められている。映像でなければ記録できない貴重なシーンだ。

山崎監督がこのビデオの撮影を始めたのは 48 歳のときだ。「鬼」にカメラを向け、あれこれ訊くには相当の知識がなければできないことだ。熱意と誠実さも必要だったろう。そして、胆力も問われただろう。その山崎の意志が伝わったからこそ、西岡常一も全てを語ろう伝えようと思ったにちがいない（もとのビデオも公開してほしい）。

本作品の企画者は、映画の配給・宣伝の仕事をしている「太秦（うずまさ）」の代表である小林三四郎である。制作中に 3.11 である。小林は映画を創る意味を考えたという。

が、3.11 のあと「どう生きればいいのか」と恐怖と不安を抱える今だからこそ、千年というスケールを生きようとした西岡常一は 1 つの指針となる。小林の意気に拍手を贈りたい。（ナト）

牡蠣工場
かきこうば

瀬戸内海の小さな町、牛窓。
牡蠣工場にグローバリズムが来る。

想田和弘監督作品
2015年　日本・アメリカ
日本公開2016年　145分

岡山県瀬戸内市牛窓。瀬戸内海の小さな町に想田監督がやってくる。白い猫がのんびりと寝そべっている。猫はやって来た客に甘えて、家の中に入ってこようとする。監督の連れ合いが入らせないよう注意している。

想田監督は自分のドキュメンタリーの方法を観察映画と言っている。あらかじめテーマを決めない。だから撮影相手を決めておかない。当然、事前に相手に許可を取っていない。

今回は連れ合いの母親が住んでいる牛窓が気に入って、漁師を撮りたいと思って来たようだが、そのような漁師に会えない。

そこで、小さな牡蠣工場に行く。町には以前は20軒もの工場があったそうだが、今は6軒に減ってしまっている。工場は牡蠣をむいて出荷する仕事が忙しい。いくらむいても切りがない。

養殖している牡蠣を運んでくるのは、平野かき作業所の渡邊さん。渡邊さんは宮城県南三陸町で牡蠣の養殖をしていたが、3.11津波と原発事故で仕方なく、家族で牛窓へやって来た。高齢で後継ぎもいないから廃業しようかと考えていた平野さんから工場を継ぐことにした。

牛窓では働き手がいない。何軒かは中国人労働者を雇っている。

渡邊さんも中国人労働者を雇おうと考える。だけど、中国人とは言葉が通じない。生活様式だって違う。地元の人たちの偏見も強い。広島の牡蠣工場では中国人労働者による殺人事件が起き、牛窓にもそのニュー

スが入ってきている。

　隣りの工場に就労した中国人の1人は5日目に国に帰ってしまった。「女にもできる仕事なのに」「旅費もかかっているだろう。借金を増やすだけだ」と皆の声はきびしい。

　でも、牛窓はおだやかなところだ。人々もあたたかい。監督に若い主婦は「自分たちは友だちの紹介で知り合った。あなたたちはどこで」と普通に聞いてくる。「日本に来る飛行機の中で」と監督が答えると、「外国に行った人は見聞が拡がっていいなぁ」と夫の昼食を作りながら、素直に言う（このシーンがとてもいい！！）。

　その夫たちは港の突堤から誤って海に落ちた人を見つけて、船を回して救助する。そして、「人命救助したなぁ」と笑っている。興奮したりしない。当たり前のことなのだ（このシーンもいい）。

　渡邊さんは中国人を2人迎えることにして、大金を払ってプレハブ住宅を購入する。住宅はトラックで運ばれてくる。庭に設置するとき、電線に引っかかりそうになったり、住宅の代金を払うときまちがえたりと、あたたかくおだやかな日常がある。

　この日常はグローバリズムで変わってしまうのだろうか。

　渡邊さんは、牡蠣の種を販売する業者に宮城、南三陸のことを聞く。営業を再開した養殖業者はいないこと、放射能の風評被害を防ぐために岡山では宮城の種の販売は禁止されているといわれてしまう。

　隣りの中丸水産では、中国人女性2人が働き始める。中丸さんは息子に工場の経営を譲りたいが、今譲ると贈与税がかかると怒る。

　渡邊さんは想田監督に「中国人労働者が来るが、2人が慣れて撮影を了承するまではカメラを向けないでくれ」と言う。トラブルが起きないように気を使っているのだ。（ナト）

港町

瀬戸内の小さな、人が減っていく港町。
さまざまな人生がある。

想田和弘監督作品
2018年　日本・アメリカ　122分

　　　　港町と聞くと、ミーハーの私は森進一の「港町ブルース」を思
　　　　い出し、宮古、釜石、気仙沼のような大きな港を撮ったのだろう
かと思った。

　ところが想田監督がカメラを向けたのは、前回の『牡蠣工場』（124頁）
の瀬戸内海の牛窓の小さな漁港である。『牡蠣工場』に入れる風景ショ
ットを撮るために牛窓を歩いているとき、漁師のワイちゃんと出会った
そうである。

　想田監督は岸壁にいたワイちゃんにカメラを向ける。ワイちゃんは
86歳になるという。顔をアップで撮る。いい顔をしている。

　カメラはワイちゃんの船に乗る。沿岸でワイちゃんは網をおろす。カ
メラは黙ってその様子を撮る。ワイちゃんも何もしゃべらない。

　映画を観ている私は勝手に考える。魚は獲れるのだろうか、零細漁業
はこの先成り立つのか。「観客による能動的な観察」という想田監督の
術にはまったわけだ。

　港町では獅子が家を囲っている。人びとに御祓をする。喫茶店では牡
蠣工場から買ってきた牡蠣を、金網で焼いて通る人にふるまっている。
ワイちゃんもご馳走になっている。

　そこを通りがかった年配の女性が、想田監督に対岸に行ってカメラを
回すよう誘う。

　翌朝もその老女はやってきて、カメラに入ってくる。そして、「ワイ

ちゃんはきらいだ」と言う。監督の興味を引こうとするのだ。

　夜の海にワイちゃんの船は出ていき網をあげる。かかっていた魚を1尾1尾外す。手間のかかる仕事だ。今夜はたくさん獲れたとワイちゃんもうれしそうだ。

　港に戻ると、漁協の市場に運ぶ。職員が手際よく重さを計る。まだ暗いのに業者が買いにくる。明るくなる頃には人が集まり、せりが始まる。瞬時の勝負だ。

　カメラは魚屋についていく。高祖鮮魚店は魚を運び込むとすぐ鱗を取り除き、下ごしらえをする。トレーに入れ、値を付ける。その手際の良さをカメラは撮る。配達移動販売に行く車に想田は乗せてもらってついていく。回る先にはいろいろな人が集まって来て話がはずむ。店に戻ると、若い夫婦が買い物に来ている。魚を1匹買うと、あらをもらっていく。想田がついていくと、家のまわりには野良猫がたくさん。あらを煮て、エサにしている。話しているところに、墓そうじに行く女性が通る。想田はついて墓地に行く。女性は草をむしりながらたくさん話す。苗字は村君で、漁師の長で魚の大群を探す色見をしていたなどと言う。

　岸壁に行くと、例のおばあちゃんが話しかけてくる。カメラに強引に入ってくるのだ。想田はそれを受け容れる。おばあちゃんは自己紹介を始める。よその家の事情をバラす。想田たちを強引に山のほうに連れていく。昔学校で次に民宿、今は病院になっている建物の前でおばあさんは身の上話をする。継母は学校に入れてくれなかった。子は泥棒され、今は岡山の福祉施設で虐待されていると訴える。そして「生きとって駄目じゃ」と泣く。

　夜の港。

　「港町」とタイトルが出る。そして「追悼　小見山久美子さん（1920－2015）」と顔写真が出る。

　瀬戸内の小さな、空家が多くなっていく、港町。人たちはさまざまな自分の人生を持っている。カラーで撮影して、モノクロに変換された。

（ナト）

127

祖谷物語　おくのひと

山奥でおじいに育てられた少女。
都会から逃げてきた青年。

蔦哲一朗監督作品
2013年　日本　169分

 物語

　雪の山。急斜面を老人（田中泯）が歩いている。滑落して大破した車。乗っていた２人は死んでいる。が、川原に乳児が生きている。老人は乳児をかかえて帰る。

　何年か経った。少女春菜（武田梨奈）は起きると、谷川の水を汲み、食事の用意をし、おじいと食べる。支度をすると学校に向かう。ぬいぐるみの人形と暮らすおばあさんに挨拶して、山を下りる。

　ボンネットバスが登ってくる。客はわけあり顔の若い男、工藤（大西信満）１人。工藤は谷川に身を投げるが死ねない。

　工藤は世話好きの村の青年に案内されて、ヒッピーの集まるマイケル・ハウスに向かう。途中でトンネル工事をしていた社長が「鹿を撃ったが猿はなかなか」と話すのを、複雑な表情で聞いている。

　ヒッピーたちはトンネル工事＝開発に反対している。開発しなければ、村の生活は保たれない。工藤はどちらにも付けないまま、村を歩いて写真を撮っている。ある夕方、道に迷って、春菜の家に泊めてもらう。水道も電気もガスもない生活。翌日、水汲み、水やりを手伝った工藤は、自分も近くの荒地を畑にして自給自足を始めようとする。

　冬。ぬいぐるみ（案山子）のおばあさんが亡くなる。作物を動物に喰われてしまった工藤は、よその畑の作物を盗むようになる。マイケル・ハウスのメンバーも祖谷を出ていく。おじいも衰弱して死んでしまう。

解説　雪の山。最初のシーンで、これは35ミリフィルムだとわかる。深さが違うのだ。

舞台は四国の山奥。今は徳島県三好市に合併されている祖谷。平家の落人伝説が伝わり、蔓と木だけで作られた橋（かずら橋）があり、観光名所になっている。

その山奥にも、過疎化の波が押しよせてくる。村の人は公共事業に頼るようになる。と、田畑も山も荒れる。加害動物が増える。暮らしを守るために駆除が行われる。産業がないから廃棄物処理場を作る。自然環境が壊れる。日本のいたるところで起きた（今なお起きている）悪しき循環である。対立も起きる。

自然に帰ろう、帰農しようと言う人もいるが、現実はそんなに甘くないことをこの作品は描いている。

蔦監督は三好市池田町に生まれて育った。「やまびこ打線」「さわやかイレブン」のあの池田高校、名将蔦文也監督の孫だ。

監督は自分が育った"秘境"を見事に写す。これだけで、この作品は成功していると言ったら失礼だろうか。

主演の3人もいい。

おじいの田中泯に台詞はない。説明のいらない生き方をしているのだ。

空手遣い出身という武田梨奈（春菜役）は溌剌としている。谷川の水を汲み上げ、畑にまくときはいかにも山の娘らしい。おじいが死んだときの台詞は涙を誘う。一転、東京での生活になじめない演技も生々しい。

工藤役の大西信満（旧芸名・大西滝次郎）は『赤目四十八瀧心中未遂』で主演を務めた。この作品では都会生活から"ドロップアウト"したが、山村でも器用に暮らせない青年の苦しむさまをリアルに演じている。

それにしても美しい山地だ。春菜が生き返り、工藤が耕し続けるのがわかる。撮影のスタッフに拍手をしたい。蔦監督の祖谷への郷土愛に胸が熱くなる。（ナト）

山〈モンテ〉

山の巨壁をハンマーで叩き続ける寡黙な男。
崩したいのは宗教か権力か。

アミール・ナデリ監督作品
2016年　イタリア・アメリカ・フランス
日本公開2019年　107分

すさまじい風の音。雲か霧が流れていく山地。陽はささない。集落の墓地で埋葬が行われている。男と息子がスコップで土をかける。男の妻は石を乗せる。3人とも黙ったままだ。集落の人たちも何も言わない。神父らしき人もいない。夜、狼が墓を荒らす。3人は飛び出して狼を追い払う。男は「出て行け」と叫ぶ。

翌日、集落の人たちはそろって出ていく。ここは呪われた土地だと言う。ある父親は「村は受け入れてくれない。さまよう覚悟だ。私の息子は周囲から差別されて育ってほしくない」と言う。なぜ差別されているのか。監督は説明しない。どこが舞台なのか、いつの時代なのかも説明しない。夜には大岩が転がり落ちてくる。

岩山に太陽の光を遮られているから畑の作物は貧弱だ。それでも男は作物と木工品を木の車に積んで、村の通りに行く。通りには物を売る人も買う人もいてにぎやかだ。

どうやらイタリア北部のアルプス地方らしい。通りや家、人々の服装から中世とわかる。が、どこからともなくののしり声が沸き起こる。「くそ！　奴を追い払え」「離れろ、邪眼にみられるぞ」「下層民が」「盲目にされるぞ」「舌を取られるよ」「異端者は焼き殺せ」。人々はののしり、ささやき、蔑視の目を向ける。

群衆の攻撃性や差別意識はどこからくるのか。イタリアの中世の問題ではない。今の時代でもどこの地でもあるのだと思う。男はなぜ黙って

いるのか、なぜ怒らないのか。とぼとぼと荷車を引いて帰る男を1人の
女が追ってきて声をかける。妻の姉だ。ここでようやく男の名がアゴス
ティーノで、妻の名がニーナで、死んだのは2人の娘だとわかる。が、
義姉は男がニーナを縛っていると思っている。

　翌日、男は怒ったように畑を耕す。夜、ニーナは「これから何を」と
問い、「もう村には行かないで」「私は祈るわ」と言う。ろうそくの灯り
に浮かぶニーナは美しい。

　ナデリ監督の灯りの使い方は、中世の絵画の光の使い方と似ている。
構図もいい。少ないせりふ、風の音と岩石の崩れる音と鳥獣の鳴き声だ
けという音楽も、緻密に練られたうえでの表現だと私はナデリ監督の手
法にうなってしまう。

　ある日、村の通りでアゴスティーノは老婦人にお守りをもらう。ある
男に荷運びを頼まれる。そのお屋敷でアゴスティーノはニワトリを盗も
うとするが、すぐ逃がす。

　ニーナの髪飾りを売ろうとしていたアゴスティーノは、盗んだなと衛
兵に追われる。逃げ込んだのは小さな礼拝堂。アゴスティーノはキリス
ト像に祈ろうとするが、できない。家に帰ると、ニーナも息子のジョヴ
ァンニもいない。2人は衛兵と修道女に連れていかれたのだ。

　絶望したアゴスティーノはハンマー1本を持って巨大な岸壁に挑む。
大声をあげて、岸壁を叩き出す。村で老婦人にもらったお守りも叩きつ
ぶす。雄叫びとハンマーの音が延々と続く。アゴスティーノは狂ってし
まったのか。自滅しようとしているのか。監督は何も解説しない。

　イランといえば映画の検閲が厳しいことが知られている。宗教的な締
めつけも厳しい。アゴスティーノはイランの体制を壊そうとしてハンマ
ーを振るうのか。場所をイタリアに、時代を中世に移すことで検閲をま
ぬがれようとしているのか。イランの体制だけでなく、世界の社会や宗
教を広く批判しているのか。アミール・ナデリは本作の監督だけでなく、
脚本・編集・音響も担っている。こだわりの作品である。役者たちは肉
体を極限にまで駆使している。大変なことである。（ナト）

ハニーランド　永遠の谷

人間と自然の存在の美しさ、
希望を描き出す。

リューボ・ステファノフ、タマラ・コテフスカ共同監督
2019年　北マケドニア　日本公開2020年　86分

　　　　草原の細い道を、何か肩にかけて歩く一人の女性。それをカメ
　　　　ラは俯瞰して見せる。そこからこのドキュメント映画が始まる。
次の瞬間場面は一転し、カメラは彼女の背をすぐ後ろから追う。左側は
切り立つ崖。目指す場所に着くと彼女は1つの岩の塊を取り除く。そこ
には空洞があり、巣板に群がる無数の蜜蜂がアップで映し出される。心
地よい羽音。私は釘付けになってしまう。日本蜜蜂（東洋蜜蜂の一種）
の飼育を6年間続けてきた経験から画面に引き込まれていく。日本蜜蜂
も「野生」である。それを巣箱に誘い込んで飼育する。彼女は巣板の端
を折って味わう。そして蜂の群れを持ってきた三角帽子型の籠の中に入
れて持ち帰り家で飼う。野生の蜜蜂を捕獲して飼育する昔からのやり方
である。彼女は85歳の寝たきりの母親の世話をしながら暮らしている。
石積みの壁の家、粗末な部屋には小さな明り窓があるが暗い。
　映画の舞台はマケドニア。都会から離れた谷間の、廃墟に近い村の一
角だが、外は太陽に照らされ明るい風景が広がる。この映画では、部屋
の中の暗さ（闇）と外の明るさ（光）の対比が印象深い。ある日、6人
の子ども連れの夫婦がやって来て、彼女の家の隣に住み始める。多数の
牛もいっしょだ。交流が生まれしばらくすると、隣の父親が彼女の蜜蜂
に強い興味を持ち、巣箱と蜜蜂を手に入れて養蜂を始める。ところが蜜
蜂たちは彼の強引な採蜜に反撃する。手伝わされている息子たちは皆攻
撃され悲鳴を上げる。父親だけは「お金のため」に痛さに堪える。蜜蜂

への愛情などない。一方彼女にとっての蜂蜜は蜜蜂の齎す「神の恵み」である。遂に彼女の蜂は隣の蜂たちに盗蜜され全滅。彼女は怒る。もう絶交だ！ 籠を使った昔からのやり方と巣箱を使う近代養蜂との戦いだ。野生種と家畜化された蜂の闘いといってもよい。映画はその後、牛50頭の病死という事件が起こり、隣の家族は去って行く。それを見送る彼女の安堵さと寂しさの表情。

　撮影３年目の冬、彼女が母親に聞く。「春って想像できる？　来てほしい？」 母「春は来るの？」「もちろん」「たくさんの春が過ぎた」

　辺り一面の雪化粧の中で母親は死んだ。独りになった彼女。フィナーレは冒頭と同じ崖にある蜜蜂の洞。彼女は以前と同じように蜜の詰まった巣板の欠片を取り、連れてきた犬と味わう。一瞬彼女に喜びの表情。そしてラストシーン。崖の上に座って遠くを見つめる彼女の横顔のアップ。そして彼女はゆっくりと後ろを振り変える。夕日が彼女の顔を明るく照らす。光に向かう彼女。

　春は確実に来るのだ！　がしかし、私たちは『沈黙の春』の警告を受けてから久しい。ここ20年、世界で「蜜蜂の危機」が起こっている。蜜蜂の絶滅は人類の滅亡の予兆とも言う。地球の温暖化、自然環境の悪化も深刻だ。この映画がこうした問題を直接扱っているわけではないが、この女性の「蜜蜂への優しさ」の背後にある「自然への感謝・畏敬の念」を失うことは人間性の喪失につながる。この映画は「ノンフィクション」とは思えないほどストーリー性のあるドラマチックな内容で、心激しく揺さぶられる驚きの作品である。この春私は毎日のように蜜蜂の分蜂に立ち会い、上空で飛交うその躍動感を何度も味わった。数千匹の羽音の重なりに包まれる心地良さもあった。映画の中でもこの羽音を聞くことができるのもうれしい。「命の飛翔の響き」だ。アカデミー賞ドキュメンタリー映画賞・国際映画賞２部門同時ノミネート。（岩内博）

＊この映画は「谷」に住む一人の女性の「ドラマ」です。蜜蜂つながりで『みつばちの大地』（2012年　ドキュメンタリー）もお奨めです。危機を迎えている世界の蜜蜂の現状を知ることができます。

ほかいびと　伊那の井月(せいげつ)

過去を消したまま流れ着いた
伊那に30年居ついた俳人。

北村皆雄監督作品
2011年　日本　119分

　　信州の北に一茶、南に井月(せいげつ)ありと、伊那の人たちは胸を張るらしい。

　井上井月のことを私が知ったのは、2000年、つげ義春のマンガ「蒸発」でだった。新潮文庫『無能の人・日の戯れ』に収められていた。この作品は多摩川の河原に建てた小屋で石屋を営むオレに、近くの古本屋の山井が「漂白俳人　井月全集」を貸してくれたという設定で、22頁にわたって井月のことが描いてある。初出は1986年12月の「COMICばく」。

　映画は2011年に発表された。制作に4年かかったという。北村皆雄監督は伊那出身の映像作家で「映像民俗学の会」を立ち上げた人である。伊那の井月顕彰会から資料の提供を受け、ご自身も調査・研究をされたようだ。

　映画の構成のひとつの柱は伊那である。美しい風土と四季の移ろい。雪形が現れる山なみ。桜の大樹。伊那には多くの旅人が来たという。放浪の人、旅芸人も来たようだ。地蔵和讃を唄う半僧の人、あほだら経詠み。お蔭参りの人たちの"ええじゃないか"（この群衆の踊りの中に井月がいるシーンもある）。このような交差が伊那の文化を造ったと監督は推論する。紙の面を被っての花見会。"やっちょろ踊り""さんよりこより"などができたという。句会も盛んだったらしい。立派な農家が今でも残っているから経済的にも豊かだったのだろう。

　そこに流れてきたのが俳句を詠み、書をよくする教養人の井月である。

　伊那の文化人たちは歓待した。井月は句会に招かれる。豪農の家に行っては飲ませてもらい、礼に句を残していく。書も所望される。映画の中には井月が芭蕉の「幻住庵記」を揮毫するシーンがある（井月の書を芥川龍之介が讃えている）。自身がどこから来たのか、誰なのか過去のことはいっさい口にしなかった。よほどやましいことがあったのだろう。

　〈生き直した〉とナレーターは言う。生涯一所不在の井月にとって伊那は暮らしやすかったのだろう。機嫌のいいときは「千両、千両」と口ぐせを言ったそうだ。

　が、時代が変わる。戊辰戦争で長岡城は焼かれる。のちに井月の世話をした六波羅氏は高遠の地主の家の者らしいが、彰義隊に加わるが新政府に敗れて、伊那に逃げてきて美奈都屋（雑貨店）を開いたという。

　明治政府は戸籍制度を作る。流れ者、非定住者は邪魔にされる。定住者には租税が課せられ、伊那の人たちも苦しい生活を強いられる。井月を支援する余裕はなくなってくる。村人は井月を長岡に送り返すために句会を開き、旅費をカンパする。戊辰戦争で戦わなかった者は長岡では裏切り者扱いされている。井月は3度も伊那に戻ってくる。乞食井月、しらみ井月と蔑まれて、子どもたちに石をぶつけられても、井月は怒ったこともなかったという。

　その井月を前衛舞踊・実験舞踏家の田中泯が演じる。舞うように演じるシーンがある。大木の桜の花の満開の下で、舞う。井月の句がかぶさる。〈旅人の我も数なり花ざかり〉　谷川で夏衣を網のようにして雑魚を追うシーンは水と戯れるごとく舞う。〈駒が根に日和定めて稲の花〉

　不思議な演出もある。今の服を着た田中泯が井月の墓参りをしたり、井月になっている田中泯が座っている前で田植機が苗を植えたり、井月の扮装の田中泯が井月研究者と話をする。これは北村監督が井月を現代に結びつけたいという演出なのだろう。

　井月が"野たれ死"したのは1887（明治20）年、66歳だった。
　辞世の句。〈闇き夜も花の明りや雨の旅〉
　2012年には「井月句集」が岩波文庫から刊行された。（ナト）

津軽じょんがら節

津軽三味線の響きと斎藤真一の絵が
まるで主役のように。

斎藤耕一監督作品
1973年　日本　103分

物語　　　　津軽の寂しい漁村に、東京のバーで働いていたイサ子がやく
ざ風の若い男を連れて帰郷してきた。徹男はよその組の幹部を
殺したため命を狙われているのでかくまう必要もあった。

　イサ子は郷里の居酒屋の店員をしながら、いそいそと徹男の世話をす
る。退屈でることのない徹男は、こんな所はいやだ、金沢の友だちの
所へ行こうと言うが、イサ子は、お金はないし、ここを出たらやくざに
見つかるから我慢しなさい、わたしは海で遭難した父と兄の墓を建てる
まではここから出ないからねと言う。

　退屈しのぎで歩いている時に盲目の少女ユキに出会う。ユキはたちま
ち徹男のとりこになってしまう。徹男はユキを相手にからかうほかにも
う１つの楽しみを見つける。漁師の老人塚本と親しくなっていっしょに
しじみ漁に行き、働くことにも生きがいを見出していた。

　そんな時、イサ子は居酒屋の仲間だった女に預けていた金を持ち逃げ
され、徹男がだんだん自分から離れていく不安もあったので、こんどは
イサ子の方からここを出ようと言い出した。それならばと徹男はユキを
だまして居酒屋に売り飛ばし、急いでバス停で待つイサ子の所へ行く。

　その時、突然瞽女唄が聞こえてきてユキのことが気になり、走って居
酒屋に戻り、間一髪、犯される寸前のユキを助けた。そしてここに住み
つこうとして、ユキとの穏やかな生活が始まったのだった……。

解説　個人的な脱線ばなしから始めてしまおう。1973 年にこの映画
を見るまで私は恥ずかしながら瞽女のこと、斎藤真一画伯のこ
とを知らなかった。津軽三味線の衝撃的な美しさと、挿入画として度々
出て来る斎藤真一の絵の味わい深さに圧倒されて、瞽女唄の魅力に取り
つかれ、新潟県内で活動している2つの瞽女文化保存会にかかわるよう
になった。私の精神世界をいっきに広げてくれた契機となった映画であ
る。

　江波杏子は以前から大映版任侠映画の主演女優として活躍し、女賭博
師のイメージが強かったのだが、この映画で一気にイメージチェンジし
てスクリーンに出てきた。これほど味のある深い演技をすることを多く
の人は予想しなかったのではないか。映画女優としてまぎれもない一流
役者との評価をこの映画を機に確立した記憶がある。

　「どうしてそんなに私を困らせるの」「私が稼いでくるからあんたはこ
こで待っていて頂戴」「あんたは私が出て行ってもいいのね」と泣き崩
れる。最後には「あんた、よかったわね、ふるさとが見つかって…」

　徹男に対するイサ子の深〜い愛が見えてくる。

　イサ子の強い存在感に隠れて、もう1人の主役である徹男の印象が薄
くなりがちだが、それがかえってこの男の頼りなさを際立たせる効果を
出しているかもしれない。

　物語の展開に応じて存分に脇役を演じている仕掛けがいくつかある。

　1つめは津軽の海の烈しく泡立つ波と静かな凪の波。

　2つめは強い海風に耐えられるよう立ててある防風柵。幾重にも巡ら
されてある柵の間を縫って出入りする人の姿が右に左に繰り返し見える
のが印象的だ。

　3つめが波と柵に劣らず大きな役割を果たしている津軽三味線だ。ド
ラマの起伏に応じて激しく、または穏やかにメロディを奏でる。瞽女唄
の源流の1つがまぎれもなく津軽三味線なのだということがわかる。

（ケイ）

瞽女 GOZE

盲目の旅芸人・長岡瞽女小林ハルは
悟った人だ。

瀧澤正治監督作品
2020年　日本　109分

物語　　越後三条の大庄屋の小林家に女の子が生まれた。1900年のことである。が、ハルはすぐ失明してしまう。占い師（小林幸子）は「この子は長生きする。他人を幸せにする。瞽女にしなせえ」と言う。ハルが2歳のとき父親が亡くなる。

　ハルを瞽女のフジ親方に預けることに決めると、母トメ（中島ひろ子）はハルを自立できるように心を鬼にして厳しくしつける。起床時間、あいさつ、着物の畳み方、髪の結い方、針に糸を通すこと。雪の河原に素足にわらじ、薄着で連れて行き、吹雪の中で川向うまで声を届けるように唄わせる。石を詰めた袋を行李にいくつも入れ、背負わせる。ハルは母を鬼だと思うようになる。

　フジ親方はきつい。芸に厳しいのは当然だが、初の旅で激流にかかった狭い橋に怯えるハルを放っておいたり、ハルにだけ自分の宿を探させたり、泊めてもらった家の人が持たせてくれた金平糖のことで杖で叩いたりする。旅が終わって家に帰ると、母トメが肺病で死ぬ。でも、ハルは涙を流さない。

　フジ親方と離れたハルは、長岡瞽女のサワ親方の弟子になる。サワ親方は目が見えなくても、風や音、鳥のさえずりで季節がわかると、生きる喜びを教えてくれる。が、サワ親方が病気になり、次の旅に手引きと2人で出たとき、ハルは手引きに暴力を振るわれる。

　やがて、幼いハナヨを弟子に取り、厳しくしつけていて、ハナヨに「鬼」

と言われてしまう。ハルは泣く。そして、母トメの気持ちを初めて理解する。

「最後の瞽女」といわれた小林ハルの生涯を描いた作品だ。

小林ハルは 1900 年に生まれ、2005 年に亡くなった。無形文化財の保持者である。国の称賛など本当は要らない芸人だ。

映画監督の瀧澤正治はこの作品に 17 年をかけたという。それだけの重さを小林ハルは持っているし、できあがった作品も美しく重い。

ハルの母トメの、鬼のような、子への愛がいい。針に糸が通せないと泣くハルの頬を叩いたあと、階段を降りながら自分の右手に触れる中島ひろ子の演技がいい。私はこのシーンからずっと泣いてしまった。吹雪の河原で叫ぶように唄う（寒声というらしい）シーンのスチール写真はポスターに使われているが、辛い。

「阿波の徳島十郎兵衛」を弾き語るところで、子役の川北のんから成女役の吉本実憂に移る。カメラワークがうまい。「阿波の徳島十郎兵衛」も子殺しの話だ。時代が重なる。

ハルがやきもちを焼いた手引きから、ほとを杖で突かれて大けがをする話は小林ハルの自叙伝で知っていたので、映画の中では描くのか、スルーするのかと気になったが、ちゃんと出てきた。大木の陰で、もみじの落葉が風に吹かれて片寄せられていくという表現からはスタッフのやさしさが伝わってくる。

映画のラスト、エンドロールの後に、小林ハル 96 歳の演奏が映写される。曲は「葛の葉　子別れ之段」。人間に化けて夫の子を生むが、狐に戻って信太の森に帰るという葛の葉の物語である。ハルの母トメの唄として聞こえてくる。

母トメ＝中島ひろ子、ハル（子ども）＝川北のん、ハル（成年）＝吉本実憂、サワ親方＝小林綾子などたくさんの俳優たちの熱演に拍手を送りたい。唄も三味線も吹き替えでなく吉本実憂が実演しているのもすごい。

（ナト）

絵図に偲ぶ江戸のくらし

安政年間、髪結床の吉左衛門の残した絵図。
あたたかく、ゆかいな暮らし。

時枝俊江監督作品
1977年　日本　32分

　　　　東京。本郷通。日光街道駒込あたりをヘリコプターから鳥瞰
　　　　で撮っている。「こんなにビルが建って」とナレーションが入る。
1977年の街並みだ。

　安政（1854-1860年）の頃、このあたりは植木、芋、ナスの産地だ
ったようで、染井吉野もここの植木屋が売り出した。

　カメラは絵図を追っていく。初夢で縁起がいいとされる「一富士、二
鷹、三ナスビ」はこの地のことと地元の人は言う。富士神社があり、大
名たちの鷹匠が住み、うまい駒込ナスがとれたからと言う。

　道路マップのようなこの絵図には説明書もついている。

　大名行列のとき、家の主人は道に出て土下座をしなくてはならない。
女子どもは家の中であいさつをしなくてはならない。それが面倒だから
と表戸を閉めて貸家と札を出し、家の者は浅草に出かけてしまった。不
審に思った役人が裏にまわるとニワトリが遊んでいて、バレてあとで家
主が怒られたなどの話が書いてある。

　吉祥寺、目赤不動も描かれている。紙きんというたて場の家のところ
には「仕立や銀次が若いときに居た」と説明してある。はさみをうつか
じ屋の看板は「なんばん」とある。

　湯屋の絵もある。2階では若い娘がお茶を出していたそうで、若い男
たちが裸でくつろいでいる。

　熊坂道という案内もある。判じ物だ。芝居に熊坂という大盗賊が出て

くる。その名が長範。すなわち御法度の丁半ばくちを開帳してますよというお知らせだ。

江戸の庶民のユーモアあふれる暮らしが伺える楽しい図絵である。

時枝監督はそれを現代に結びつける。今の駒込病院のあたりから下級武士たちが使っていたらしい食器が出てきたことにふれ、とっくりは同心たち（下級武士）がうっぷん晴らしに酒を酌み交わしていたのだろうと推論し、泥人形や泥めんこから子どもたちのにぎやかな声を聴きだす。

そば屋に僧がよく来るがきまって木の葉が出てくる。不審に思った主人があとをつけると、その僧は狐の化身の高僧だった。以来そば屋は毎朝そばをその木のもとに届けたという話を紹介する。

今も願かけに来る人のいるこんにゃく閻魔のこと、水かけ地蔵のこと、江戸火消しのこと、竜吐水のこと、富士信仰、富士講のことなどにもふれる。富士講のお祭りは今でも行われていることをフィルムに収めている。

通りにはいろいろな店が並ぶ。くすり屋多賀屋には「ガマさんと云ふ医者風がいて診察もすれば往診もするので、一寸した病気の人はこの人で間に合わせているなり」とある。髪結床のいせや吉左衛門さん、ずいぶん町の人たちのことに詳しいのだ。そして、町の人たちに温かい目を向けている。この目があったからこの図絵の価値を高めている。

くすり屋の向かいには居酒やさがみやや、藤兵エ、大工三五郎、紙くづ立場、木ビキかん造、下駄や、カザリやかん次郎、くづやが並ぶ。いなか者と書かれた長家の一室もある。にぎやかな通り、客を呼び止める声、値切る声などが聞こえてきそうだ。

時枝監督は江戸の人たちを私たちに彷彿させてくれ、絵図の楽しみ方を示してくれた。ナレーターは全篇ひとり、伊藤惣一だが、江戸っ子ふうの語りで、ところによっては祭文語りの声色を使って、私たちを楽しませてくれる。伊藤惣一自身も楽しかっただろう。「日本のドキュメンタリー（生活・文化編２）」（岩波書店）に収録されている。（ナト）

坂網猟　人と自然の付き合い方を考える

捕鴨組合の猟師は
水門清掃も草刈もする。

今井友樹監督作品　株式会社工房ギャレット制作
2018年　日本　42分

　坂網猟とは、夕暮どきに丘の斜面に待ちかまえていて、池から飛び立つ鴨にY字型の網を投げ上げて捕える猟である。私はずっと前に農業関係の本で読んだことがあるが、実際に見たことはない。

　今井友樹監督の『鳥の道を越えて』（2014年）に実際に投げ上げる様子が入っていた。その猟のことを詳しく記録したのがこの作品である。

　石川県加賀市の中心から3キロメートルほど日本海に寄った丘陵地に、全長500メートルほどの片野鴨池がある。ここで坂網猟が行われている。350年の伝統猟で、江戸元禄期の文献にも記録がある。大聖寺藩の藩士にだけ許されたとあるが、明治10（1877）年に捕鴨組合が創立しているから技術は人々に知られていたのだろう。

　待ちかまえる場からは池は見えない。頭上に鴨の群れが飛んできた瞬間に、高さ、速さ、方向を判断して網を投げ上げる。網には仕掛けがあり、鴨が入ったとき、元のところがはずれ、袋状になるらしい。猟師の1人は「うまく獲ると、いい音がする」と、うれしそうだ。メンバーは26人だそうだ。鴨池は農業用水としても使われる。だから春には猟師も農家の人といっしょに水門の清掃をする。9月上旬には草刈りをする。これも半端ではない。ハンノキを巻き枯らしにし、背丈ほどのヨシ、マコモを草刈機でなぎ倒す。10月上旬には坂場の整備をし、水を貯める。

　猟期は11月15日から2月15日まで。初物を獲った猟師のうれしそうな表情をカメラは収めている。（ナト）

142

5

命を輝かせる
アートは大事

ライムライト

老いと若さ、人生の苦さと美しさを
チャップリンが描く。

チャールズ・チャップリン監督作品
1952年　アメリカ　日本公開1953年　137分

物語　　かつての名道化師カルヴェロは、いまや年老いて落ちぶれ、酒浸りの毎日を送っている。ある日、同じアパートで自殺を図ったバレエダンサー、テリーを助け、看病することになる。テリーは姉が娼婦となってレッスン代を払ってくれたことを知り、神経的なマヒを起こして踊れなくなったのだ。生きる気力をなくしたテリーを、カルヴェロはなぐさめ、勇気づけ、もう一度舞台へ上げる。テリーは復帰に成功し、昔恋をした作曲家のネヴィルにも再会する。一方カルヴェロは舞台でやっかい者扱いされ、自信を失ってテリーの元を去り、辻芸人になる。テリーはカルヴェロを探し出し、もう一度舞台に立てるよう手はずを整え、サクラまで用意する。再起の舞台で熱演したカルヴェロは昔のように喝采を浴び、アンコールで勢いをつけすぎてドラムにはまり、心臓発作を起こしてしまう。舞台の袖から、ライムライトを浴びながら踊るテリーの姿を見ながら、カルヴェロは息を引きとる。

解説　　チャップリンは1889年、ロンドンのミュージックホールの俳優であった父母の元に生まれ、5歳の時、声の出なくなった母の代役で初めて舞台に立つ。父は酒がたたり若くして亡くなり、母は精神的な病を起こし、チャップリンは孤児院に預けられたりしながら、貧乏な暮らしの中で俳優を目指す。

映画が大衆向けの産業となりつつあった1913年、アメリカの映画会

社に誘われ、映画俳優として「放浪紳士」のキャラクターを生み出し、主演・監督・原作・脚本・音楽・制作を一手に引き受け、数々の映画を作っていく。第一次世界大戦時は『担え銃』、第二次世界大戦時は『独裁者』、その後『殺人狂時代』と戦争反対への姿勢は一貫していた。『ライムライト』の撮影時はハリウッドが赤狩りの真っ只中にあり、ロンドン上映に向かったチャップリンは国外追放命令を受けて帰国できなくなる。そんな時代に撮られた映画だ。

　素顔でカルヴェロを演じるチャップリンはこの時62歳、映画の中でテリーへ「人生哲学」をぶつけまくる。「人生を恐れるな。生きるのに必要なのは勇気と想像力と、少しの金だ」「生きて苦しめ、人生そのもののために。人生は美しくてすばらしいんだ」「絶望しても瞬間を生きればいい。すばらしい瞬間はいくらでもある」「死と同じく、生も避けられない。それが人生だ。宇宙にある力が君の中にもある。その力を使う勇気と意志を持て」。

　そして何より楽しめるのはチャップリンの歌と踊りだ。春の歌では、すべてをウットリさせるもの「それは愛、ラブ、ラブラブラブラブ……」と早いテンポで歌い踊る。イワシの歌では、3歳の頃、輪廻の話を聞いたので「この世を去るときはきっと心が弾む。イワシに生まれ変わって海を泳いで暮らしたい」と楽しく踊り、観る者を笑顔にさせる。

　また芸人としての哲学もこめられていて、辻芸人として街角に立った時には「世界中が舞台だ。そしてここはひのき舞台だ」、最後の舞台の楽屋では「われわれは一生素人だ」。自身の原点は変わらずミュージックホール（芸人は皆アマチュアだった）の芸人なのだという誇りが感じられる。また「私は老いたる雑草だ。刈られても刈られても頭をもたげる」というセリフには、背後に迫る赤狩りへの凛とした意識が感じられる。つまるところこの映画にはチャップリンの人生への思いが詰まっていて様々に圧倒されるのだ。初共演のバスター・キートン、息子のシドニー・チャップリンも登場する。ライムライトは電球が普及する以前の照明器具で、名声を表す言葉でもある。（リエ）

オズの魔法使 + ジュディ　虹の彼方に

虹の向こうを夢見た少女、
その晩年の人生に虹はかかるか。

ヴィクター・フレミング監督作品
1939年　アメリカ　日本公開1954年　101分
ルパード・グールド監督作品
2019年　イギリス　日本公開2020年　118分

　　　　　ミュージカル映画『オズの魔法使』の原作は、ライマン・フラ
ンク・ボーム「オズの魔法使い」（1900年）で、原作も映画も
子どもの頃から好きだった。本はシリーズ14冊もある。

　冒頭部とラストのカンザス農場はモノクロで、魔法の国へ行くとぱー
っと画面に色がついていく。まるで目が覚めるように鮮やかで、本当の
魔法の国に行ったようだ。これはテクニカラーという手法で、カラー映
画は当時とても珍しかったという。

　おばさんとおじさんと農場に住むドロシーは、虹の彼方にここよりも
っといい場所があると夢見ている少女だ。大きな竜巻に家ごとさらわれ、
落ちたところは東の魔女の上。圧政を敷いていた魔女から解放された住
民たちは大喜びでお祭りを始める。だがドロシーは妹のいじわるな西の
魔女から恨まれ、つけ狙われることになる。北の良き魔女から、エメラ
ルド・シティのオズの魔法使いなら家に帰してくれると教えられ、知恵
がほしいカカシ、心がほしいブリキ男、勇気がほしいライオンといっし
ょに黄色いレンガの道をたどって旅に出る。

　ドロシーを演じたジュディ・ガーランド（1922-69）はこの時17歳、
当然幼い少女には見えないが、愛らしくぽっちゃりして目がきらきらし
ている。主題歌の「虹の彼方に」（原題 Over the Rainbow、エドガー・
イップ・ハーバーグ作詞、ハロルド・アーレン作曲）はあまりに有名な
曲だ。1939年のアカデミー歌曲賞を受賞している。

　一方、『ジュディ　虹の彼方に』はジュディ・ガーランドの伝記映画で、2歳から舞台に立ちスターとなったジュディ（レネー・ゼルウィガー）が、ドラッグとアルコール依存に苦しみながら舞台に立ち続ける晩年の話だ。

　映画は子ども2人を連れて地方のステージに立っている場面から始まる。借金だらけで行きづまり、元夫に子どもを預けて、ジュディは単身ロンドンへ向かう。身体的・精神的にはボロボロでも、舞台に立つとたちまち輝きだすジュディ。回想部分では、少女の頃から太らないために薬漬けにされ、生活にも全く自由がなかったことがわかる。

　薬を飲んでもなかなか眠れないジュディはショーに遅刻、客と言い争いをして解雇されてしまう。愛する子どもも手放すことになり、何もかも失ったジュディがラストソングに選んだのは、「虹の彼方に」だった。

　「虹の向こうのどこか空高くに、子守歌で聞いた国がある。虹の向こうの空は青く、信じた夢はすべて現実のものとなる……」

　この歌詞が辛くて歌えなくなるジュディ。すると客席のゲイカップルが続きを歌い出す。他の観客もそれに続き、ジュディは温かな客の歌声に包まれていく。

　心底ぼろぼろな時でも、舞台で歌うジュディには深い人間愛が感じられる。最後の舞台で「一歩一歩進めば道は開ける。そう信じることで人は生きられると思う」と語るジュディ。それなのにたったひと切れのケーキがなかなか食べられない。なぜなら、子役時代からの制限で身体が受けつけないのだ。やっと口に入れ、「おいしい」とほほ笑むジュディ。子ども時代の苦しみが溶け去ったのかと安堵したのも束の間、「半年後にジュディは亡くなった」というテロップで映画は終わる。

　熱心なファンとして登場するゲイのカップルだが、差別が当たり前だった当時、ジュディは彼らへ理解を示した数少ないスターだった。ドロシーが、カカシ、ブリキ男、ライオンのコンプレックスの伴走者であったことから、ゲイの人を「ドロシーの友だち」を呼ぶこともあったらしい。LGBTQの象徴レインボーフラッグと「オーバー・ザ・レインボウ」が重なってくる。（リエ）

カミーユ・クローデル

ロダンの共同制作者か愛人か。
美貌と才能はカミーユを不幸にする。

ブリュノ・ニュイッテン監督作品
1988年　フランス　日本公開1989年　175分

　　　　1885年パリ。雪の夜、溝の中で粘土を掘り、トランクに詰めるカミーユ（イザベル・アジャーニ）。鬼気がある。

　ロダンのアトリエは大理石の倉庫のようだ。のみの音、汽車の音で騒然としている。カミーユは「足」を掘っている。母には罵られるが、カミーユは「私は彫刻家になるために生まれた」と気にもしない。

　ロダン（ジェラール・ドパルデュー）が「足」を見に来る。「君には感動がわかる。ぼくにはわからなくなっている」と言い、「足」にサインをする。カミーユは喜ぶ。

　ヴィクトル・ユゴーの葬列が行く。カミーユがロダンを誘惑する。2人の華やかな愛の日々。ロダンはカミーユを「カレーの市民」の制作スタッフに誘う。ロダンはカミーユをモデルにした作品群を作る。その作品に触れた弟のポール・クローデルは泣く。

　妊娠して、堕胎したカミーユはロダンの妻に襲われる。カミーユはロダンの胸像を作って家出する。「奥さんか私か選べ」とロダンに迫るが、ロダンははっきりしない。カミーユはロダンと別れて、弟のポールのところで世話になる。

　カミーユは音楽家ドビュッシーと交際し、彫刻に打ち込む。が、外交官であるポールがアメリカに赴任すると、孤立感を強め、アルコール依存症になっていく。

　ロダンと再会するが、2人はののしり合うようになっていた。

解説　東京渋谷の東急本店でカミーユ・クローデルの作品展があった。作品を観て驚いた。ロダンの作品とそっくりなのだ。カミーユが模倣したのか、2人の共同作品なのか。ロダンがカミーユに影響を受けたのか。

ロダンにとってカミーユは何だったんだろう。すぐれた彫刻家、ライバル、助手、モデル、愛の対象。その時によって異なる存在だったのだろうが、結婚の対象としてはみなかったようだ。夜の道で再会し、2人で食事をしながらロダンはワイシャツの袖にカミーユのデッサンを描くシーンがある。カミーユへの愛を断ち切れないのだろうか。

カミーユにとってもロダンは師であり、ライバルであるが、何よりも愛の対象である。しかし、ロダンはモデルにも手を出す具合だ。カミーユもロダンへの愛を断ち切れない。

愛は憎しみに変わる。精神を異常にする。

ここからはイザベル・アジャーニの演技が見物である。

カミーユとロダンは食事のあとカミーユのアトリエに行くが、すれ違いは埋まらない。カミーユの声は太くなり、饒舌になっている。アトリエのドアを壊して大理石を運び込む。ロダンたちにいじわるされていると思ってロダンの家に石をぶつけ、ゴミをまき散らす。親の家に閉じ込められるカミーユ。

アトリエに閉じこもるカミーユは彫刻に打ち込むが、セーヌ河が氾濫し、カミーユのアトリエも水びたしになる。が、カミーユは避難もしない。すでに常軌ではない。

弟ポールたちが個展を開いてくれると、派手派手の服でパーティに来る。いやな顔をしてポールや客は帰ってしまう。作品は売れない。

アトリエでカミーユは作品を叩き壊す。ロダンの胸像に泣きつき、叩き壊す。弟と母親が精神病院の入院手続きをする。1913年10月、車に乗り込むアジャーニの目が不幸を示す。

1943年に死ぬまで、カミーユは病院にいた。（ナト）

ファウスト

アニメと人形劇と実写の超絶技法。
原作『ファウスト』に託されたメッセージ。

ヤン・シュヴァンクマイエル監督作品
1994年　チェコ　日本公開1996年　97分

　　　チェコの生んだ天才とも奇才ともいわれる映像作家ヤン・シュ
ヴァンクマイエル（1934年生）の作品。ゲーテ原作の『ファウスト』
とマーロウの『フォースタス博士』という2つの戯曲をモチーフに、実
物大の人形劇とクレイアニメと実写を縦横無尽に組み合わせて作り上げ
た日常と劇中と夢、ドラマとモノローグと台本、リアルとシュールが多
層に織りなすバーチャル世界に圧倒されながらも、大人も子どもも、フ
ァンタジーとしても怪奇映画としても、映像の美しさもグロテスクさも
共に楽しめる不思議な映画。

　現代のチェコの首都プラハの日常にぽっかりと空いた時空の歪み、退
屈な中年男（ペトル・チェペク）が1枚の地図を受け取り、廃墟のよう
な建物に入り込むと、そこはファウスト博士の中世の錬金術実験室。な
にげに机の上の魔術書を読み上げると、部屋中の機材が動き始め火を吹
き、粘土が生命をもち、人形が歩き出す。

　夢から覚めるとそこは小劇場の役者部屋。赤ランプとともにブザーが
鳴り、舞台の幕が上がる。促されて舞台に立つ。なぜか自然にファウス
ト博士の台詞が口をついて出る。

　ファウストの相手は天井から吊るされた繰り人形。いつしかファウス
ト自身も頭をネジで絞められ天井から吊るされた繰り人形と化してい
る。そして悪魔メフィストフェレスに世界の秘密を実感させてくれるよ
うに迫っている自分がいる。悪魔はファウストに命と引換えの契約を提

案する。

　なんとかこの劇中から逃げ出そうと舞台裏から街中に脱出を試みるも、まさにカフカの城の迷宮のように行き暮れてしまい、地下室の廊下でまたファウスト博士の役を迫真の演技で演じることに。魔術書を手に魔法陣の布の上で呪文を唱え、地上、天上、あらゆる空間を行き交いながら、世界の実相を体験する。悪魔に連れられて世界を股にかけて移動し、徐々に傲慢になっていくファウスト。

　さいごには悪魔の変身した美女ヘレナ（つまり悪魔がヘレナの仮面と衣装を付けた繰り人形）に溺れて契約の24年が過ぎる。

　ラストさらに悲劇的な事件で終わる、この何重にも入れ子になった劇中劇で構成されるグロテスク・ファンタジー演劇実写×アニメ作品は、人間と悪魔の間での魂・知恵と利・知識の交換契約というとても複雑で重苦しいドラマの内容の受け止めと、それを表現する人形とアニメーションと舞台装置の軽快で新鮮な映像の快感、という両義的な映画体験をもたらしてくれる。

　プラハには何十という人形芝居小屋がいまも存在しているが、そこでは社会主義政権下、政治風刺ドラマが掛かっていた。シュヴァンクマイエルは一時期、社会主義政権に睨まれ映画製作を禁じられていた。

　そうした背景を知った上で、本作品のシュールな技法と映像を見ると、人形を繰る人間を繰る社会という入れ子の意味が怖いほどに伝わる。人形は役者以上にリアルであるとともに、幕間には人形の頭はネジで外れてゴロゴロと天上界＝地獄へと帰っていき、また次の出演場面でゴロゴロと地上界へ戻ってくる、という演出は最高の見せ場である。悪魔は結局は人間が演じているという世界の秘密は、馬場あき子『鬼の研究』の、鬼とは疎外された人間のことという言葉を思い起こさせる。

　撮影のスヴァトプルク・マリーもアニメーションのベドジフ・ガラセルもすばらしい仕事をしている。（h↑2）

夜空はいつでも最高密度の青色だ

都会でただよって生きる若者。
愛をすなおに告げられないのだ。

石井裕也監督作品
2017年　日本　108分年

物語

　　　　看護師の美香（石橋静河）は仕事が終わると自転車に乗って
繁華街に向かう。ガールズ・バーでアルバイトをしているのだが、
いかにも素人のように普通のブラウスを着て、化粧っ気もない。

　建築現場で働いている慎二（池松壮亮）は、仕事仲間の智之（松田龍
平）、中年男、フィリピン人とガールズ・バーに出かける。

　智之は美香のケータイの番号を聞き出そうとするが、慎二は「女の子
に飲み物をねだられたら何千円」などと水を差し、やたらとぶつぶつひ
とりでしゃべっている。美香はあいまいに笑っている。商売気もないよ
うだ。

　店を出て帰ろうとした美香は、電車が動かないので歩いて帰る慎二を
見つけて話しかける。だけど会話がちぐはぐだ。「東京には千万人も人
がいるのに、どうでもいい奇跡だね」。青い月が見えると「いやな予感
がするよ」。街の中に1人で唄っている若い女性がいる。足を留めて聴
いてくれる人はいない。

　建築現場で突然智之が倒れ、そのまま死んでしまう。葬儀場の通夜で
慎二は美香に会う。黙っている慎二の横で、美香は意味もなくしゃべり
続ける。ある日、現場で慎二がケガをする。病院に行くと美香が働いて
いる。慎二はメールアドレスを聞き出した。

　夜、慎二がひとりでしゃべっている。「ケータイ9700円、家賃…シ
リア、テロ、イラクで56人死んだ…。会いたい」

解説

　ずいぶんしゃれたタイトルだと思った。観てからプログラムで最果(さいはて)タヒの詩集の題だと知った。最果タヒは20歳で現代詩手帳賞、21歳で中原中也賞を受賞した今がシュンの詩人だ。著作の題がおもしろい。『空が分裂する』『死んでしまう系のぼくらに』『かわいいだけじゃない私たちの、かわいいだけの平凡』『渦森今日子は宇宙に期待しない』などである。

　脚色し監督したのは辞書編集部を描いた『舟を編む』の石井裕也だ。

　主演は池松壮亮。『愛の渦』では学費を親に送ってもらったのに乱交パーティーの参加費に使ってしまう若者を、『誰かの木琴』では客にストーカーされてしまう美容師を演じていたシュンの俳優だ。

　石橋静河は、新人だが若い女性の不安と孤独のビミョーさをうまく演じている。

　ストリート・ミュージシャンを演じている野嵜好美は、『ロマンス』で小田急線のロマンス・カーの不器用な社内販売員を演じていた。この作品でも無愛想な表情で唄う（しかも下手）役をうまく演じている。

　慎二と美香の不安とさみしそうな、片方が寄ってくれば片方がはぐらかしたり、引いたあとで恋しさを募らせる都会の、一人暮らしの若者同士のちぐはぐなラブ・ストーリーで、観ている側は「もっと表面から自信をもっていけ」と声をかけたくなる。でも、私たちも若かったときには社会になじめず、ちぐはぐなことをしていたのではなかったか（私はなじんでやるものかと、むしろ怒っていた気がする。『怒りをこめて振り返れ』という本が売れていた）。

　慎二は左目がよく見えないという設定だ。あるいは見たくないということか。

　2人の前をCDの宣伝カーが通っていく。曲はあのストリート・ミュージシャンのもの。車の側面は彼女の大きな写真が貼ってある。

　ラスト。慎二は走っていく。（ナト）

153

きみの鳥はうたえる

函館の夏、まだ何者でもない僕たち3人は
いつもいっしょだった。

三宅唱監督作品
2018年　日本　106分

　　　　暗い海と黒々とした山のふもとでチカチカきらめいてる函館の
　　　　夜景。その繁華街を2人の若者が楽しそうに歩いている。兄の所
へ金を借りに行くという静雄（染谷将太）と、別れて夜の街をぶらついて
いるボク（柄本佑）の姿に「ボクニハコノ夏ガイツマデモ続クヨウナ気ガ
シタ」とナレーションがかぶさる。タイトルは縦書きの小さなペン字だ。
『海炭市叙景』（158頁）や『そこのみにて光輝く』（156頁）でも使
われていたから、原作者佐藤泰志の直筆なのだろう。
　　ボクはバイト先の書店の前で、連れ立った書店店長と店員佐知子（萩
原聖人と石橋静河）に出会う。すれ違いぎわにボクの肘に触れていく佐
知子。首をひねって歩きながら画面から消えたボクが戻ってきて、1・2・
3と数え始める。「コレハ賭ケダ。120マデ来ナカッタラアキラメヨウ」。
　　120近くなって帰ろうとした時に声がかかって佐知子のアップ。この
シーンは良かった。同じようなシチュエーションが後半にもセンス良く
使われて感動した。青春に賭けは不可欠だ。それが戯れであろうと命が
けであろうと、賭けを繰り返すようにして明るくはない日々を生きてき
たように思いませんか。
　　こうして、いっしょに住んでいるボクと静雄の間に佐知子が加わって、
気ままで楽しくそしてヒリヒリするような夏の日々が始まる。ビリヤー
ド、ピンポン、夜ごとの酒。ビニール傘ひとつに3人が寄り添って笑い
合う声が雨の中に響く。柄本佑のさりげないコント風の演技がいい。

　「気持チノヨイ空気ノヨウナ男ニ」なりたいというボクを演じるのは難しかっただろう。夜明けの路面電車の線路を横切るディスコあけの3人の遠景。最高のショットだ。カッコよかった石橋静河のダンス。『夜空はいつでも最高密度の青色だ』（2017年、152頁参照）と同じように、女であることに溺れずしかし惜しまずの女性を、ボクと静雄の間で好演していた。染谷将太というと『ヒミズ』（2011年）だが、私が思い出すのは、三原橋「銀座シネパレス」の閉館記念に撮った『インターミッション』（2013年）だ。「シネパレス」を爆破する役だった。何をするかわからないアナーキーな雰囲気を持つ役者だが、この映画では珍しく最後までいじけもせず穏やかな表情を崩さない静雄を演じている。

　大きな事件は何も起こらない（原作で最後に起こる事件はカットされていた）。では何に引きつけられたのか。会話の妙である。言い訳や弁解、屁理屈じみたことばが全く使われていないのだ。浮遊する若者たちの生のことば・フレーズは今を生きる3人にあった口調とことば遣いだと思う。振り幅が大きく可塑性のある3人の生き方に比べると、ボクと揉める書店員の真面目さが規格品に見えてしまう。

　なぜ「ボクの鳥はうたえる」でないのか。揺れ動く3人の思い。映画はとまどいためらう佐知子のアップで終わる。これから先どうなるかは彼ら自身にもわからない。

　この映画は函館シネマアイリスの開館20周年記念作品で、函館出身の作家・佐藤泰志作品の映画化に奔走して4本目の作品。文中の2作品もいい映画であったが製作者が同じだとは気づかなかった（他に『オーバー・フェンス』山下敦弘監督　2016年）。

　物語の舞台を東京から函館に移したことも原作者と函館への強い思いなのだろう。物語終了後のスクリーンにおびただしい数の函館市民・協力企業・商店等が列記されるのを見ながら、さすが津軽海峡対岸（30キロ圏内、最短で18キロ）で建設中の大間原発建設取り止め訴訟を提訴した函館市民・市議会のいる街だ。函館シネマアイリスに行ってみたいと思った。（ビンジ）

そこのみにて光輝く

佐藤泰志は"光輝く"作品を書き、
自死してしまった。

呉美保監督作品
2014年　日本　120分

物語

　　　仕事を辞め、ぶらぶらしていた佐藤達夫（綾野剛）はパチンコ店で火を貸してくれと言われ、使い捨てライターをあげる。若者大城拓児（菅田将暉）は「ウチで姉ちゃんのカレー食っていけ、うまいぞ」と誘う。

　ついて行くと、そこはボロ家だった。姉の千夏（池脇千鶴）はスリップ姿だったが恥ずかしがるさまもなく、カレーを出してくれる。

　拓児は傷害罪で仮出所中。父は寝たきり。母は職無し。家を支えているのは千夏だ。仕事は表向きはホステスだが、実は店の奥の部屋で売春をしている。

　常連客の1人は町の顔役で、拓児の保護師だ。それをいいことに千夏を情婦のようにしている。

　達夫は鉱山技師だったが後輩を事故で死なせてしまっていた。アドバイスが足りなかったのだと自分を責めている。仲間がヤマに戻れと誘いに来るが、その気にはなれない。

　達夫と千夏は惹かれ合っていくが、表現できない。

　千夏はほかにも苦悩をかかえていた。父親がセックス依存症で、毎日妻に求めるのだった。そのため、千夏の母親は疲れ切り、精神的に破綻しかかっている。ある日、見かねて父の相手をするのだが、そこに達夫が来てしまう。

　達夫の一途な愛に応えようと、千夏は売春をやめる。が、顔役は千夏

を犯し、吹聴する。それを知った拓児は怒り狂う。

解説 　綾野剛は『るろうに剣心』ではさわやかで剛腕の青年剣士を演じている。池脇千鶴は『ジョゼと虎と魚たち』では無邪気な障がい者を演じている。が、この作品ではただよう青年と、生活のために自己犠牲をする女を演じている（池脇千鶴はこんなにセクシーな体をしているのかと驚いた）。

　監督の呉美保も『オカンの嫁入り』とはまったく違った演出をしている。俳優も監督もすごいものだ。

　原作者の佐藤泰志は 1949 年に函館に生まれた。高校生のとき有島青少年文芸賞を 2 年連続で獲っている。大学進学のため上京。1977 年（28歳）に「移動動物園」が新潮新人賞の候補になる。「きみの鳥はうたえる」（154 頁）で第 86 回芥川賞候補になり、同賞候補には計 5 回なるが遂に受賞できなかった。『そこのみにて光輝く』は第 2 回三島由紀夫賞候補になるがやはり受賞できなかった。そして、佐藤泰志は 1990 年に自死してしまう。

　芥川賞は純文学の最高の賞だと思われている。でも、選考はかならずしも純ではないようだ。第 1 回のとき、太宰治が受賞したくて選考委員の佐藤春夫に、無頼派としては情け無いような哀願の手紙を出したことはよく知られている。佐藤泰志の作品が候補になった同時期に車谷長吉<ruby>車谷長吉<rt>くるまたにちょうきつ</rt></ruby>の作品も候補になった。すると車谷長吉の母親は即座に、選考委員に賄賂を届けろと言ったそうだ。車谷長吉の連れ合いは芥川賞狙いを止めて直木賞を狙うように進言したという。そして、車谷長吉は『赤目四十八瀧心中未遂』で直木賞を獲り、流行作家になっていく。

　選考委員の中には自分の弟子や派閥の者を推す人もいるのだ。

　佐藤泰志は文学賞は獲れなかった。でも、光り輝く作品を書いている。41 歳でピリオドを打たず書き続けてほしかった。この作品も映画化した函館の人たち、ありがとう。個人的には松陰町のレストラン「バスク」が大好きと告白しておきたい。（ナト）

海炭市叙景
かいたん

観光都市の美しい函館。
生きている人たちの喜怒哀楽。

熊切和嘉監督作品
2010年　日本　152分

〈まだ若い廃墟〉　小学生のとき、親を海炭ドッグの火災で失った兄妹。2人はそのドッグで働いていた。が、ドッグは縮小するため社員を整理する。組合はストを打つが、幹部は自己保身をはかる。クビになった兄妹は再就職できないまま大みそかの夜、なけなしの小銭で年越しそばを買って食べる。かきあげは半分ずつだ。

正月。初日の出を拝もうと兄妹は山に登る。帰りのロープウェイの金がたりない。兄の颯太（竹原ピストル）は妹帆波（谷村美月）だけロープウェイに乗せ、自分は歩いて下山する。

〈ネコを抱いた婆さん〉　朝の市場。機嫌の悪そうな婆さんトキ（中里あき）が白菜の漬物を売っている。500円。売れないので値札を裏返す。200円。家に帰る。ボロ家で、よく太った猫グレがいる。若い男が来る。市役所の職員で、区画整理のため立ち退きの交渉に来たのだが、婆さんははぐらかし、男に雪かきをさせる。いつのまにか、グレがいなくなる。

〈黒い森〉　プラネタリウム。客はまばら。映写が終わっても帰らない男の子がいる。映写技師の隆三（小林薫）が帰宅すると、水商売にでかける妻（南果歩）が厚化粧をしている。妻には男がいるのだ。中学生の息子とは会話もない。

ほかに、プロパンガス屋のイライラしている若い社長を描いた〈裂けた爪〉など全5篇のオムニバス作品。

原作は函館生まれの佐藤泰志（157頁参照）。

解説

　「海炭市叙景」は1988年から文芸誌に連載した作品で36篇の構想であったそうだが、18篇で終わったしまった。1991年に集英社から刊行され、2007年に佐藤泰志の同級生たちが出した「佐藤泰志作品集」に入っている。2010年には小学館文庫として刊行された。

　海炭市の舞台は函館市。市井の人たちの不運不幸もあれば、つい笑ってしまいそうなこともある日常が描かれている。

　函館は高田屋嘉兵衛が拓いたと、司馬遼太郎は長篇小説『菜の花の沖』に書いている（もちろんそれより前からアイヌ民族がすんでいた）。私も高校生の頃トラピストバターという高級品を食べて以来、函館が好きで何回も行っている。五稜郭、函館山、坂道、外人墓地、青函連絡船、そして何よりも路面電車がいい。ケン・ローチの映画『大地と自由』の自主上映会があり、その席でバスク料理がふるまわれたという記事を読んでからはそのレストラン「バスク」にもう3回も行った。

　が、ミニシアター「シネマアイリス」のことは知らなかった。支配人菅原和博氏のことも佐藤泰志のことも知らなかった。

　『海炭市叙景』が市民からの募金をもとに、メインキャストにもエキストラや実行委員会にも市民が加わっていると聞き、函館市民はすごいと思った。

　スクリーンに写る函館の風景もいい。〈まだ若い廃墟〉のドッグの進水式で軍艦マーチが流れるのには笑ってしまった。谷村美月の弱々しい表情には泣いてしまった。竹原ピストルが組合のダラ幹とやり合うシーンも迫力があった。〈黒い森〉の南果歩は『伽倻子のために』（小栗康平監督　1984年）とは別人のように色気があり、開き直りのシーンも図太さに困惑させられた。

　佐藤泰志に観せたかった。（ナト）

ミタケオヤシン

引き興(おこ)しアートと
ネイティブ・アメリカンの受難。

江藤孝治監督作品
2014年　日本　80分

映画のチラシを見てとまどった。まずどう読むのかわからない。ミタケ・オヤシンなのか、ミタ・ケオヤシンなのか、ミタケオ・ヤシンなのか。題名が正確に覚えられない。ミケタオシンと言いそうだ。

監督は日本人だとわかるが、「アメリカの大地を揺らす」という惹句がある。凧あげのようにロープを持っている人たちもアメリカの人のようだ。

映画の最初のシーンは民族衣装を着たネイティブ・アメリカンの祭りである。いろいろな部族が一堂に集まっている。その中に「現代アーティスト」の加藤翼(つばさ)がいる。加藤はTシャツ姿だ。ノースタコスの居留地で、加藤はパートナーの平野由香里らと廃材を使って「引き興(おこ)し」のオブジェを作っている。

「引き興し」とは、地面に作ったオブジェにロープをかけて立てることのようだ。「人が力を合わせる瞬間」が大切なのだと加藤は言う。11年秋には福島でがれきの木材を使って流された灯台のレプリカを作り、町の人など500人がロープを引いた。興きた瞬間の映像がいい。人々の歓喜の表情がいい。

アートというのは、完成した（未完成の）絵画や彫刻、写真、音楽、建造物のことだと私は思っていた。歌手やダンサーのことをアーティストと最近は呼ぶことも知っていた。でも、加藤はオブジェを作り、引き興す行為そのものがアートと考えているようだ。

　加藤のアート活動を見ているうちに、「私たちの人生そのものもアート活動だ」と私は思った。「障害者の人権を守れ」「憲法９条を護れ」「原発は嫌だ」と主張すること、食事をすること、映画を観ること、泣くこと、喜ぶこと、これみんなアートなのだと思えてきた。

　加藤は、コミュニティカレッジ（族立大学）のキャンパスでティピ（テント）を作り始める。参加者が１人２人と増えていく。その中で、加藤たちはネイティブ・アメリカンの受難の歴史を知る（以下、ネイティブと略す）。

　子どもの頃、アメリカの西部劇を見て、駅馬車がインディアンに襲われ、間一髪のところに騎兵隊が救助に来るところで拍手をした記憶が私にはある。あるいはジェロニモという悪いインディアンが手には長い銃を持ち、首から銃弾のベルトを下げ憎々しげな表情をしている写真を見たことがある。ジェロニモは大暴れをしたアパッチ族の酋長だと聞いたことがある。それが全部侵略して来た白人側の宣伝であったことを知ったのは、40歳を過ぎてからである。アパッチ族もモヒガン族も白人によって絶滅させられたのだった。私は自分の無知を恥じている。

　加藤もティピの引き興しの作業をする。居留地とはネイティブの豊かな広い土地を奪った白人たちがネイティブを閉じ込めた狭い痩せ地である。白人たちはネイティブを虐殺し、生活を奪い、プライドと仕事を奪った。そして、ネイティブの子どもたちを「ボーディングスクール」に収容し、キリスト教や西洋文化の強制をして、洗濯、掃除、農場労働、庭園管理の仕事を教え込んだ〈自分たちにはそのくらいの能力しかないと思い込ませた〉のだ。ボーディングスクールのことを知った加藤は「引き倒し」を計画する。ネイティブの力を借りてのアートである。参加者が少ないとわかると加藤たちはどうしたか。これは映画を観てのお楽しみ。

　ネイティブの弁護士は「今でも白人がネイティブの子どもを養子にする」と怒る。どうしてか。おぞましい話なのだ。受難はいまも続いているのだ。（ナト）

ミリキタニの猫

ニューヨークの路上で猫を描き続ける。
80歳のグランドマスター。

リンダ・ハッテンドーフ監督作品
2006年　アメリカ　日本公開2007年　74分

ニューヨーク。2001年。世界貿易センターが見える街角。

路上生活者のような老人が絵を描いている。ジミー・ミリキタニという名前だ。ジミーは猫を描き続ける。それがとても速い。大道芸人なのか。なぜ路上生活をしているのか。絵を売って金を得ることもできるだろうし、年金も受け取れるだろう。福祉施設に入ることもできるだろう。変人にも見えないし、アルコール依存症、薬物依存症でもなさそうだ。

近くに住む映画作家のリンダは、老人に興味を持ち親しくなる。老人は近くのコーヒー店で「ジミーといえば安くしてくれる」と言い、サクラメントで生まれ、広島で育ったという。先祖はサムライ、宮島に行ったことがある、米国市民権は失った、パールハーバァ、日系人強制収容所のことをジミーは話す。日本が芸術大国であることを世界に示すとも言う。9月1日。世界貿易センターにジェット機を突っ込むなどの同時テロが起きた。混乱する街で相変わらず暮らすジミーを見かねて、リンダは自分のアパートに連れてくる。が、ジミーは特に感謝しているわけではないようだ。

ジミーのことがわかってくる。ジミーは広島からサクラメントに渡ってきた父と母の間に生まれ、広島に戻って育ったこと、日本名は三力谷勤であり、第二次世界大戦のとき（1942年）、大勢の日系人とともにカリフォルニア州のツールレイクの強制収容所に入れられる。その時、姉

162

と別れた。米国市民権を放棄させられた。終戦後テキサス州の収容所に送られた。

　ある日、ニューヨーク・タイムズに「今のアラブ人に対する言動は戦争の時の日系人に対する差別と同じだ」という内容の寄稿が載った。寄稿者はサンフランシスコに住むジャニス・ミリキタニ。ジミーが言う「三カ谷はわが一族だ」。ここから奇跡が続く。ジャニス・ミリキタニの父がジミーのいとこだと判る。12年になり、ツールレイク強制収容所跡地への巡礼ツアーに参加するためサンフランシスコに行ったジミーは、ジャニスに初めて会い、姉のカズコ・ナガイと60年ぶりに再会する。ツールレイク跡地からは収容所で描いた山が見えた。

　『ミリキタニの猫』はアメリカだけでなく、日本、ノルウェー、オランダ、南アフリカ共和国など各国で上映され、それでまた奇跡がつながっていく。

『ミリキタニの記憶』
Masa監督作品　2016年　日本　21分

　ジミー・ミリキタニは2007年に日本に来た。広島では平和式典に参列し、宮島に行く。本家の人たちに初めて会い、子ども時代に育った家の子どもたちにも再会した。個展もいろいろなところで開催された。

　2012年10月にジミー・ミリキタニは亡くなる。

　『ミリキタニの猫』のプロデューサーで撮影もしたMasa（マサ・ヨシカワ）が監督した『ミリキタニの記憶』にはジミーと不思議な出会いをした人たちが出てくる。チャイナタウンのベンチに寝転がっているジミーの写真を撮っていた女性写真家、日本企業のニューヨーク駐在員で「私のアトリエに来なさい」と誘われていってみたらチャイナタウンの公園だった。もらった絵はすべて日本に持ち帰ったという人などである。

　不幸な時代の中で尊厳を持ち続けた画家の生き方を私たちに伝えてくれる2本の作品である。（ナト）

山中常盤　牛若丸と常盤御前　母と子の物語

母を失った牛若丸の物語を
母を処刑された岩佐又兵衛が描く。

羽田澄子演出作品
2005年　日本　100分

物語

　源氏の御曹司牛若丸は15歳の春、奢る平家を攻めようと鞍馬の寺を出て東に旅立つ。奥州藤原氏の館に寄った。一方、京にいる母の常盤御前は牛若丸の行方もわからず、嘆いていた。清水寺や八幡山にお参りして願掛けをする。

　牛若丸から手紙が着いた。常盤御前は「いかなる野のすえ山の奥　たとえば火の中　水の底へも訪ね行かん」と言う。侍従は雪が溶けたらとなだめる。春も半ばになり、御前と侍従2人は旅立つ。美濃の山中宿で、常盤は重い病にかかってしまう。

　上臈と嗅ぎ付けた強盗6人組が襲う。御前と侍従は刺されてしまう。やどの大夫が気がついて、瀕死の御前に身元を聞く。大夫は御前を土葬にし高札を立てる。

　牛若丸は母の常盤が夢に出てくるので、夜中に都に向かう。山中宿に着いて新しい塚と高札に気付く。高札には「上臈二人」とある。宿に泊まると、夢に母常盤が出てきて、夜盗6人のうち1人でも討ち取れと言う。

　やどの大夫に問い、夜盗のことを聞き、形見を受け取った牛若丸は、天に仰ぎ地に伏し、悶え焦がれて嘆く。盗人どもを謀り寄せようと、宿の大夫に手伝ってもらう。誘い出されてきた6人を牛若丸は討つ。翌日、常盤の御墓で回向をする。

　3年3か月のち、十万余騎の軍勢で都へ登る。山中宿で回向をし、やどの大夫と女房に300町（約300ha）の土地を取らせた。

解説

　岩佐又兵衛は江戸初期の画家で、福井藩主松平忠直にかかえられて画家になる（忠直は家康の孫だが、奇行をくり返したことで有名）。和漢の古典的題材を描き、風俗画も描いた。父は荒木村重。荒木村重は織田信長に謀反を企て、一族600人ほどがことごとく殺される。又兵衛だけは助けられる。

　岩佐又兵衛の描いた絵巻物「山中常盤」に魅せられた羽田澄子が、MOA美術館所蔵の全12巻、全長150mを撮影したのは1992年。が、『安心して老いるために』（1990年）、『元始、女性は太陽であった　平塚らいてうの生涯』（2001年）など「タイミングを外せない作品の制作に追われて、この作品に手がつけられ」（羽田）なかったと言う。古浄瑠璃の曲はもうないので、新たに作詞作曲してもらったそうだ。

　スタッフを紹介しよう。

　曲・三味線　鶴澤清治／作詞・小鼓・打物　仙波清彦／デザイン　朝倉摂／ピアノ　高橋アキ／ナレーション　喜多道枝／出演　片岡京子／浄瑠璃　豊竹呂勢大夫／三味線　鶴澤清二郎／胡弓　鶴澤清志郎／笛　福原寛／大鼓・打物　望月圭／太鼓・打物　山田貴之

　ほかに安岡章太郎　辻惟雄が協力している。これだけの人たちが集まったことは羽田澄子の人格・映像作家としての評価と信頼が高いことを証している。

　「行く川の流れは」とナレーターが語り出す。平泉と北上川の風景、義経像の実写が出てくる。「洛中洛外図」（岩佐又兵衛作）の四条の賑わいの中の小屋に"山中常盤"と看板があるのをカメラが撮る。実写と絵巻が浄瑠璃で溶き合わされていく。裸にされ殺された御前と侍従、すさまじい絵だ。仇討ちをする牛若丸。空中に跳びはねて長い刀を振る。

　道行、恐怖、涙、カタルシス。「ただ川の泡にぞにたりけり」の結び。

　観終わって私は大きな嘆息をついた。

　『絵巻山中常盤』（角川書店、1982年）、『岩佐又兵衛風絵巻の謎を解く』（角川選書、2020年）がある。（ナト）

まるでいつもの夜みたいに

フォークシンガー高田渡の
人生を抱きしめる音楽ライブ。

代島治彦監督作品
2017年　日本　74分

　　伝説のフォークシンガー、高田渡さんが釧路市の病院で亡くなった日のことは良く覚えている。

　2005年4月16日。あの日、我が家で中川五郎さんと三上寛さんとよしだよしこさんたちと呑んでいた。実は我が家の近くにライブハウス「ジェリージェフ」という店があり、当日のライブ「フォークジャンボリー」の楽屋としてうちの部屋を使っていた。楽屋なので出番が終わったミュージシャンや、これから演るミュージシャンが勝手に出入りしていた。皆で呑んでいた時、五郎さんの携帯に「高田渡が亡くなった」と連絡が入った。その後、いろいろなミュージシャンと連絡を取り合っていた。ミュージシャン同士の連帯はすごいなと感じた。

　渡さんとは吉祥寺の「いせや」で何度かお会いしたことがある。西早稲田のライブハウス「ジェリージェフ」でも何度かライブを演っていただいた。彼はライブ中に寝てしまうという自然体だった。

　この映画は2005年3月27日、東京・高円寺でのライブ映像だ。撮影カメラは1台。近々の渡さんの右側の壁際からローアングルで撮っている。彼の右手のピッキングや左手のフィンガーリングなど、表情が非常に良く撮れている。隣の席で高田渡を聴いている感じだ。この臨場感がすばらしい。狭い会場なので撮影するにも動けない状態だったのではと思うが、それがこの臨場感を出している。

　ここに収録された唄は14曲。おなじみの曲だ。金子光晴の「６９」。

マリー・ローランサンの「鎮静剤」。谷川俊太郎の「ごあいさつ」。添田唖蝉坊の「しらみの旅」。そして「コーヒーブルース」など、彼好みの詩人に曲をつけた作品が演奏される。彼は好きな詩人の詩にブルースやフォークの曲を付け、自分の世界にしてしまう。存在感が凄い。

おしゃべりが10話ほど挿入されている。「犬の散歩」や「枕元の妻」「幽霊」「溶鉱炉」など、しゃべりの間が絶妙だ。酒を呑みながら自然体で語る彼の話術に、私は何度も大笑いしてしまった。

親友の中川イサトさんは「これまでも何度も酒が原因で、入院しても帰ってきてくれたから、今度も生還してくれると信じていたがだめだった。京都時代、彼は珈琲がすきで六曜社やイノダでノートに詩を書いていた」などと語る。

中川五郎さんは「きまじめで、頑固で、照れ屋で、純情だった。だから、みんな高田渡を愛した。欺瞞や作為、見せかけが大嫌いで、力あるものに寄り添い威張る人を許さなかった。だから、みんな高田渡を愛した。とんでもなく酒を呑むようになり、いろんな人たちにさんざん迷惑をかけた。だから、みんな、高田渡を愛した」と語る。

渡さんは画面の中で「死んだ、などと言う必要はない。最近見かけませんねえと言われたら、見かけませんといっときゃ良いんだ。」と語っている。

あれから15年。こんな自然体で生きていた高田渡さんにスクリーンの中で間近に会うことができる。何だかほっこりする。（フカ）

作兵衛さんと日本を掘る

500枚とも2000枚ともいわれる
炭坑絵を描いたのはなぜ。

熊谷博子監督作品
2018年　日本　111分

　　　　山本作兵衛（1892-1984）の人と絵のことは、炭坑に関心のある
　　　　人たちの間では以前からよく知られていた。7つのときから入坑し、
14歳から働き始め、64歳で退職。炭坑で働く人々の生活を絵に描くよ
うになる。絵には添書があり、ゴットン節といわれる仕事唄も書いてある。
描いた絵は惜しみなく人にあげていた。
　作兵衛についての情報の発信元は「筑豊文庫」だった。筑豊文庫は炭
坑労働者のルポを書きながら解放運動、文化運動に取り組んでいた上野
英信が主宰していた。そこに集まっていた人たちの名前を聞くと、私な
どはただ唸るばかりである。梁山泊のようなところだ。上野英信は作兵
衛の仕事を評価し、人柄に心酔していたようで、作兵衛の初画集の出版
記念会を中心になって開いている。作兵衛71歳。会場は嘉穂劇場だ。
　山本作兵衛は2011年5月に、その絵と日記などがユネスコの「世界
記憶遺産」に登録された。その年3月に起きた東日本大震災と原発爆発
のニュースと情報に押されて、受賞は大きな話題にならなかったようだ。
あるいは、「世界記憶遺産に登録」の意味がマスコミの人にもわからなか
ったのかもしれない。
　映画監督の熊谷博子は2005年に『三池　終わらない炭鉱の物語』を
発表している。囚人労働、強制労働、三池大争議、大事故などで「負の
遺産」とされてきた炭鉱とそこで生活してきた人々にカメラを向け、日
本の近代化をとらえ直そうとする作品だった。炭鉱と原発を対比したこ

168

の作品は高い評価を受けたが、熊谷監督は 2011 年の原発爆発を予感していたのだろうか。

　今回の熊谷監督作品を観て、私は次のことに気付いた。

　1 つには、作兵衛は亡くなるまで膨大な日記・メモをつけていて、それを当時福岡県立大学の森山沾一（せんいち）が発見し、解読し活字化している。その資料を熊谷監督は精読している。

　2 つには、インタビュー相手の多彩さだ。作兵衛の娘、孫は言うまでもないが、上野英信の子の朱（あかし）、作兵衛の絵に出合い衝撃を受け 20 年間絵が描けなかったという現代美術画家の菊畑茂久馬（もくま）、『まっくら　女坑夫からの聞書き』の著者森崎和江、常磐炭田の元坑夫で個人で炭鉱資料館を開いている渡辺為雄などである。

　上野朱は英信が録音した作兵衛の歌う「ゴットン節」を再生する。

七ツ八ツから／カンテラ揚げて／坑内さがるも／親のばち／ゴットン
唐津ゲザイにんの／スラ曳く姿／江戸の絵かきも／描きやらぬ／ゴットン

　そして、筑豊という名称を消そうとした動きがあったこと、自身も結婚して戸籍を作ろうとして「鞍手（くらて）」と書いたら市役所の職員から「避けたほうがいい」と言われたことをあげ、差別があったと言う。差別のことは作兵衛の娘も孫も言っている。

　この映画のもっとも感動するところは、熊谷監督がもと女坑夫の橋上カヤノに会うシーンだ。103 歳になる彼女は、自身の貧乏と不幸を話す。が、熊谷監督が持っていった頭巾をつけ、石炭を運ぶカゴを背負って、坑内労働のことを実演つきで話す。その表情は輝いている。橋上カヤノに作兵衛の孫が会いにくる。手を握り合う。彼女には夫も 8 人の子どももいたが、今はたった 1 人だ。握り合う手。とても重い、そして暖かい、そして美しい握手だ。

　「けっきょく、変わったのはほんの表面だけであって、底のほうは少しも変わらなかったのではないでしょうか」。作兵衛の言葉が鋭く刺さる。

（ナト）

瞽女の絵と写真

　斎藤真一著『瞽女＝盲目の旅芸人』（日本放送出版協会刊　1972年）を読んだのは28歳のときだった。斎藤真一はこの本に自身が描いた瞽女の絵を20葉載せている。この絵が実に不思議な魅力を持っている。カラーのページの6枚の赤と青の鮮烈なこと。瞽女という言葉も知らなかったが、この本を一気に読んで、いろいろ考えてしまった。

　パリで親交のあった藤田嗣治に「東北に行くように」と勧められた斎藤が青森県弘前のねぶた〔ママ〕祭で津軽三味線に出会い、宿の老婦人から津軽の口説節は瞽女が広めたと聞いたのは、1961年頃らしい。そして越後に通いだし、瞽女を追うようになる。そして、杉本キクエ親方にいきなり会いに行く。

　1973年には長部日出雄が「津軽じょんから節」「津軽世去れ節」で直木賞を受ける。高橋竹山の評判が高くなる。

　篠田正浩監督作品『はなれ瞽女おりん』（水上勉原作、岩下志麻、原田芳雄主演）は1977年に公開。ほかにも『薩摩・盲僧琵琶』（諏訪淳監督　1984年）が発表される。奄美には唄者といわれる盲目の芸人がいること、島原地方にも竪琴を弾く芸人がいることがわかり、さらには中世には説経師がいたことなどが探り出された。

　全国全共闘運動、街頭闘争、三里塚闘争といわば表の闘争から一歩退いたとき、民衆の根っこにある旅芸人と農漁山村の人々の結びつきに、私たちは魅かれたのだろう。

　そんな時代に、「アサヒグラフ」は橋本照嵩の瞽女の写真を連載する。1970年にはアサヒグラフの記者といっしょに瞽女を探し、その後は〝男手引き〟のように密着して写真を撮り、記録をつづった。当時の流行で、粒子の粗い写真には老いた旅芸人が撮影されている。写真集『瞽女』は1974年にのら社から刊行されている。2019年には『瞽女　アサヒグラフ　復刻版』が出版された。（ナト）

レジスタンス

たとえばワイダ

地下水道

ワルシャワ蜂起の悲劇的な最後を描き、
レジスタンスの無念を未来につなぐ。

アンジェイ・ワイダ監督
1956年　ポーランド　日本公開1958年　95分

物語

　　　爆撃で廃墟と化したワルシャワ上空からの俯瞰映像に、タイトル・ロールがかぶる。瓦礫と化した街並み、倒壊する高層住宅、火炎放射器で住宅を焼き尽くすドイツ兵。ドキュメンタリーフィルムを見るような戦禍の映像。そして、「1944年9月下旬、ワルシャワ蜂起は悲劇的な最期を迎える」とナレーションが続く。

　廃墟と化したワルシャワで、ザドラ中尉の率いる蜂起軍の中隊は過酷な地上戦で多くの兵士を失い、生き残った43人がドイツ軍の包囲の中を暗闇に紛れて地下水道に逃れる。メンバーの中には一般市民の音楽家もいる。真っ暗で汚物と悪臭漂う迷路のような地下水道の中を、仲間の待つ市の中心部に通じる出口を求めて彷徨うのだが、ドイツ軍が毒ガスを撒いたとの噂が伝わったり、汚物が発するガスで正気を保つのさえ難しい状況が続く。気丈な女性兵士は、負傷し瀕死の男を抱えながら、やっとの思いで出口を探し出す。しかし男は地上に上がる力も残っていない。彼女は男に付き添い再び地下に引き返し、彼を抱えて川への出口を見つけたが、鉄条網で封鎖されていて脱出できない。一方、辛うじて地上に出た兵士らは待ち構えていたドイツ軍に射殺される。直属の部下と地下から脱したザドラ中尉は、後続部隊はどうしたかと部下に訪ねるが、すでに2人だけだと伝えると、逆上した中尉は部下を射殺し、また地下に潜っていく。なんともやりきれない結末だが、レジスタンスの歴史的事実を次世代に伝えようという熱い思いが強烈に伝わってくる。

　　　　第10回カンヌ国際映画祭で審査員特別賞を受賞し、アンジェ
イ・ワイダを一躍世界的に有名にした作品。デビュー作の『世代』
（1954年）と『灰とダイヤモンド』（1958年）とともに「抵抗三部作」
といわれる作品の2作目で、ワイダは当時31歳だった。

　「ワルシャワ蜂起」とは、第二次世界大戦中のポーランドで、ソ連軍
の蜂起呼びかけを受けたロンドン亡命政府の指令で、1944年8月1日
にナチスドイツ占領下のワルシャワで決起した武装蜂起である。ソ連の
援軍があればドイツ軍を倒せると、多くの市民や女性や子どもも加わっ
て戦ったのだが、ソ連軍は全く動かず蜂起を孤立させた。

　レジスタンス部隊は、地下水道や地下通路などを使って地上のドイツ
軍に戦いを挑むのだが、蜂起の報告を受けたヒトラーは、蜂起軍の壊滅
とワルシャワの徹底破壊をドイツ軍に命じ、17万人とも25万人とも
いわれる戦闘や処刑や虐殺による犠牲者を出し、蜂起決行から63日目
の10月2日に壊滅的な状況を迎えて終結する。

　映画では、ドイツ軍の攻撃で廃墟と化した街並みや、瓦礫の中を逃げ
まどう市民の姿をドキュメンタリーのように映し出すが、それに続くザ
ドラ中尉率いる43人の地下水道内での人間ドラマを、酷薄なまでに凝
視するリアルな描写には迫真力がある。

　ワルシャワ市街は戦闘と蜂起軍壊滅後のドイツ軍の暴虐により徹底的
に破壊され、歴史的建造物や文化遺産の多くが失われるが、当時の写真
などをもとにして戦後見事に復元し、1980年に旧市街はワルシャワ歴
史地区として世界遺産に登録されている。市内にはワルシャワ蜂起博物
館があり、当時の記録写真や蜂起軍のポスターやチラシ、武器や地下水
道の実物模型なども展示されている。2017年夏に訪問したとき、地下
水道に潜ってみた。水も汚物もない模型ではあったが数分居ただけで息
苦しくなった。

　ちなみに学生時代に熱唱した「ワルシャワ労働歌」は、ワルシャワ蜂
起とは関係なく、ロシア革命のときのものだと後で知った。（野上暁）

灰とダイヤモンド

時代に翻弄されながらも燦然と輝く
テロリストの栄光。

アンジェイ・ワイダ監督作品
1958年　ポーランド　日本公開1959年　103分

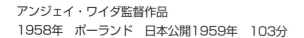

　　10代の終わりごろに新宿の日活名画で見た映画だったが、そ
れ以来60年近く観ていなかった。今回久しぶりに観て、当時は
マチェク役の黒メガネのチブルスキーがカッコよく、だいぶ年上だった
と思ったのだが、ほぼ同年代だったことにいささかびっくりした。

　1945年5月8日、ポーランド郊外の小さな礼拝堂脇の草むらに横た
わり、ソ連から帰国した共産党県委員会書記のシュチューカを狙撃する
ために待ち伏せするマチェクとアンジェイ。機銃掃射して皆殺したあと、
そのまま逃げて町のホテルへ。アンジェイが上官に暗殺成功の電話をして
いる時、フロントでチェックインするシュチューカを目撃する。誤殺
を知ったマチェクは、シュチューカの隣の部屋を予約して再び暗殺の機
会を狙うのだ。

　ホテルでは、シュチューカの帰国を祝う町長主催のパーティーが開か
れる。対独レジスタンスの生き残りのマチェクたちは、ワルシャワ蜂起
を見捨てたソ連共産党支配に抵抗するのだが、町長秘書も蜂起組に情
報を流したりしているという複雑なポーランド状況が背後に見え隠れす
る。マチェクはバーのカウンター内にいたクリスチナに惹かれ、彼女を
部屋に誘うが相手にされない。

　ナチス降伏の当日の祝賀気分の中で、地元新聞の老記者から町長が新
政府の大臣に抜擢されると聞かされた秘書は悪酔いし、宴会場で消化器
の液をまき散らすなど乱痴気騒ぎ。そんな中、マチェクの部屋がノック

される。クリスチナが、「あなたなら後腐れがないから来たの」といい、2人は愛し合い、マチェクがいつもサングラスをかけているのは、ワルシャワで地下水道にいたから太陽がまぶしいと明かされる。

2人は夜の街に出て、雨が降り出したので廃墟となった教会に雨宿りする。そこでクリスチナが古い墓標に刻まれた碑文を読み始めるが途中から判読できない。マチェクは「ノルヴィットの詩だ」とつぶやき、「永遠の勝利の暁に、灰の底に燦然たるダイヤモンドが残るのが…」と暗唱する。それは、この作品のテーマとも重なるのだ。

マチェクは、「いままで僕は愛って何だか知らなかった」とクリスチナに告げ、そこにギシギシと揺れて大写しになった逆さ吊りのキリスト像がかぶる。2人の愛に神の加護さえもないという暗示なのか、ソ連体制下で神からも見放されたポーランドの戦後を象徴しているのか。

マチェクはアンジェイから「裏切って女と逃げるのか」と言われ、「それなら俺がやる」と、ホテルを出たシュチューカを追い、正面から拳銃を乱発する。倒れかけてマチェクに抱きついてきた瞬間、祝賀の花火がいっせいにあがる。これもまた、複雑なポーランドの戦後の出発点の象徴のようにも見える。

クリスチナに別れを告げ、ワルシャワ行の駅に向かう途中、泥酔して首になり、アンジェイからも足蹴にされた元町長秘書がマチェクにすがろうと彼を追う。逃げるマチェクは保安隊の兵士にぶつかり、銃を持っていたことから追撃されて、洗濯された白いシーツが翻る空き地で血に染まったシーツを抱え、血の臭いを嗅ぐ。そして、町はずれのゴミ捨て場の中にうずくまり、苦痛に顔を歪ませながら命が果てるのだ。

制作されたのはスターリン支配下だったのだが、反政府運動の加担者の無残な死に様が当時の政権から評価されて上映が許可されたという。しかしワイダの視点は屈折した政治に翻弄されながらも、愛に生きようと決意したマチェクに寄り添い、スターリニズムの不当性を暗示しているように見えた。それが60年代安保闘争敗北後のぼくらを魅了したに違いない。（野上暁）

白樺の林

政治的メッセージを強く出す監督。
生と死をテーマにした。

アンジェイ・ワイダ監督作品
1970年　ポーランド　日本公開1985年　99分

　　　私は小学校教員になるときに、勝手に教員は自由業なのだと思いこんでいた。朝の始業時間は決まっているのだろうけど、帰りは授業が終わったら帰っていいと気儘にしていて校長に怒られた。でも自分の良心に反することは教えなくていい。自分が教えたい教材を教えていい。こういう自由が許容されていると思っていたのだ。

　それは私自身が小学校から高校までに接してきた教員たちが持っていた雰囲気に影響を受けていたからだろう。いわゆる戦後教育の時代、教員たちは校庭でテニスやバレーボールをしていて、アジア・アフリカの新しい独立国の話をしてくれ、「シネラマ」という立体映画を観たと話していた。東京立川の砂川の米軍基地反対闘争に出かけたことも話していた。当時、新しく刊行された岩波書店の『世界』を読んでいた教員もいた。

　だから私は教員というのはモダンで文化的で、しかも闘う人だと思ったのだ。そういう教員の中の誰かがアンジェイ・ワイダの『地下水道』（172頁）のことを熱っぽく話してくれたのを覚えている。

　そのワイダ監督はポーランドの「連帯」と関わって『大理石の男』（1976年）、『鉄の男』（1981年）を作って、私たちに「自由のための革命」のメッセージを伝えてきた。「連帯」が弾圧されるとフランス革命のダントンとロベスピエールの対決を描いた『ダントン』（1982年）を作って私たちを熱くさせた。

176

　ワイダ監督の新作『白樺の林』ではどんな政治的メッセージを送って
くるのだろうと思って私は映画館に入った。

　スクリーンには青白い顔をした青年が馬車に揺られるシーンが映し
出される。これは『ダントン』の冒頭と同じだ。あの憂鬱そうな顔は
政治的状況が重いからに違いない。きれいな風景は激動を対置させて
いるのか。

　青年＝スタシオ（オルギエルト・ウカシェヴィッチ）は兄の家に着く。
兄＝ボレック（ダニエル・オルブリフスキ）も何やら重い雰囲気だ。兄
の娘＝オーラがボロ人形を持って現れる。スタシオがおみやげに持って
きたオレンジをかじろうとすると、ボレックはオレンジを手荒く取り上
げて、オーラを外に出してしまう。

　兄がピアノを売ってしまったと知った弟は、町でピアノを借りてきて
弾く。と、兄が怒り出す。弟は「陽気にピアノを鳴らすのが気にさわる
のね。でも、もう少しだ。僕は長くはない」と言う。弟は結核の末期症
状で家に帰されたのだった。

　でも、弟は近所の娘マリーナ（エミリア・クラコフスカ）と知り合い
になり、2人乗り自転車にいっしょに乗ったり、林の中でデートをした
りと妙に元気。一方、兄のほうは妻を亡くしたことで苦しんでいる。お
まけに、妻の浮気疑惑が出てきたり、マリーナの三角関係が明らかにな
ったりとややこしい。

　政治的なメッセージを持った作品ではなかったとわかって、私は自分
の思い込みがおかしく苦笑いしてしまった。

　ワイダ監督も、政治や革命だけでなく、生や性をテーマにした作品を
撮りたかったのかなと思った。

　ワイダ監督は2007年に重い作品『カティンの森』を発表しているが、
2008年には『菖蒲』を発表している。

　映画作家をこういう人と決め込むのは誤りなのだろう。（ナト）

コルチャック先生

子どものためなら悪魔とも会おう。
教員の私は己を問い詰めた。

アンジェイ・ワイダ監督作品
1990年　ポーランド・西独
日本公開1991年　118分

物語

　　ラジオのマイクに向かって「カードが好きな人もいれば女が好きな人もいる。同じ意味で子どもが好き」と話す "ラジオ・ドクター" ことコルチャック。放送局員は、番組は今回で終わりだという。圧力がかかっているからだ。

　コルチャックは孤児院を運営している。世話係の女性は子どもの下着を洗おうとしないで「ユダヤの汚物なんて」と罵っている。コルチャックは怒らず子どもの下着を洗いだす。

　1939年9月ドイツ軍がポーランドに侵攻、ワルシャワを占領。1940年10月までにユダヤ人はゲットーに隔離されてしまう。孤児院の子どもも入れられる。コルチャックも子どもたちといっしょにゲットーに入る。

　孤児院で働いていたポーランド人の老夫婦はゲットーに入れてもらえず、子どもたちの貴重な食糧のイモを荷車ごと奪われてしまう。それを知ったコルチャックはドイツ軍将校に抗議に行く。腕章をつけていないからと牢獄に入れられてしまう。放送局で知り合った若いドイツ人の医者によって釈放される。

　コルチャックは闇商売業者からも孤児たちの食糧を買うために寄付をもらう。それを咎められると、「子どもたちを救うためなら悪魔とも会おう。誇りなどない」とつぶやく。

　1942年8月6日。コルチャックは孤児たちにいちばんいい服を着るようにと言い、ダビデの旗を高く掲げさせ、幼い子をかかえ、毅然とし

て、駅の広場に向かって行進していく。

　トレブリンカ収容所行きの列車に乗るのだった。

　　　　私は22歳のとき、小学校の教員になった。いわゆる"デモシ
カ教師"であり、世の中のしくみもよく知らず、教育のことはま
ったく知らなかった。だから、ヤヌシュ・コルチャックのことも知らな
かった。この映画を観て大きな衝撃を受けた。私は「教員」として生き
ているのかと自分に問うた。

　コルチャックは本名をヘンリク・ゴールドシュミットといい、ユダヤ
人だ。小児科医、作家、孤児院の院長、ラジオのパーソナリティーとし
てポーランドの名士だったようだ。その人物も、1936年にラジオのパ
ーソナリティーを追われる。ユダヤ人への迫害が強くなっていた。

　1939年にドイツがポーランドに侵攻してからはすさまじい。ゲット
ーへの移住強制、無差別逮捕。人権無視、拷問が行われる。

　コルチャックは怯える人たちを励まし、少年を蹴るドイツ兵に「恥ず
かしくないのか」と怒鳴る。自分の保身などと計算しない。

　そして、子どもたちには夢を持たせようとする。「世界を変える。た
とえばお金をなくす」などと話す。

　ゲットーの中の孤児院では悲惨なことが起きている。母親が餓死し、
死体の衣服を剥がされるのを見た少年は荒れる。他の子のベッドからチ
ョコレートを盗む子、そのチョコを捌く子、抜けそうな歯をコルチャッ
クに売りつけ母親の借金の返済に当てようとする子。極限状態の中でも
コルチャックは人としての尊厳を求める。「悪魔とも会おう」というコ
ルチャックだが、支援者がスイスへのパスポートを用意したのを断る。

　コルチャックは「子どもの権利条約」の原案も考えていた。このこと
はワルシャワ国際連合理事の近藤二郎氏の研究や、『コルチャックと「子
どもの権利」の源流』（子どもの未来社）に詳しい。

　さて、映画のラストシーンは、コルチャックが持ち続けた夢なのだろ
うか。（ナト）

カティンの森

ポーランド軍の将校1万5千人が虐殺される。
大学教授たちも殺される。やったのは。

アンジェイ・ワイダ監督作品
2007年　ポーランド　日本公開2009年　122分

物語　　1939年、ポーランド東部を流れるブク川の橋を大勢の人が渡っていく。その中にアンナとニカの母子もいる。母子はソ連軍に連行された夫のアンジェイ大尉を探しに来たのだ。母子とアンジェイは会えたが、アンジェイはほかの将校といっしょに列車で収容所に送られてしまう。アンナとニカもソ連占領地区からクラクフに戻れなくなってしまう。アンジェイの父ヤン教授は、大学にドイツ軍親衛隊の演説を聞くようにと集められ、大勢の教授たちといっしょにドイツ軍に逮捕されてしまう。

　春。アンナとニカはクラクフに戻れた。ヤン教授が死んだと知るが、夫アンジェイが戻ってくるのを待つ。

　そのアンジェイは収容所で容態が悪くなり、親友のイェジからセーターを借りる。アンジェイは大尉らといっしょに別の収容所に移される。イェジは残る。

　1943年春。ドイツはカティンを占領し、虐殺されたポーランド軍将校の遺体を見つけたと発表する。そのリストに大尉とイェジの名前があったが、アンジェイの名はない。そのことにアンナは期待する。

　大尉夫人ルジャはドイツ側からカティンの記録映画を見せられる。虐殺はソ連軍がやったとなっていた。

　1945年1月、クラクフが解放された。イェジはアンナに会い、セーターのことを話す。アンナは気絶してしまう。

解説　映画はいろいろなことを教えてくれる。ポーランドはドイツとソ連の密約により両国に分割支配される。そして、ユダヤ人大虐殺が起きる。アウシュヴィッツ収容所のことを私たちは知っている。

　が、私はソ連領のスモレンスクのカティンの森でポーランド軍将校の虐殺があったことは知らなかった。1943 年春、ドイツ軍がソ連に侵攻したとき、カティンで将校の遺体を見つけたが、ドイツ側はソ連の行ったことと発表し、記録映画を作った（撮影のために新たに 1000 人を虐殺したといわれる）。ソ連側はドイツ軍がやったと、こちらもプロパガンダの映画を作る。真実はどこに持ち去られるのか。

　1945 年 1 月、クラクフは解放される。しかし、戦争の影は消えない。カティンの虐殺がソ連によるものだと知ったイェジは自殺してしまう。アンナの甥のトゥルは警察の車に轢き殺されてしまう。アンナの妹のアグニェシュカはアンジェイの墓碑に「1940 年にカティンで悲劇的な死を遂げた」と刻んだために、司祭とともに逮捕され殺されてしまう。

　ソ連がポーランドの将校を虐殺したのは、戦後ポーランドが国を再建できないようにするためだといわれている。戦後、ポーランドはソ連に支配されたため、カティンの森のことを話すことはタブーとなっていたという。

　ワイダ監督の父親がこの作品の中心人物のひとり、アンジェイ大尉である。ワイダ監督は 1950 年代にカティンの森の虐殺を知ったという。映画作品にできたのは 50 年経ってからである。1990 年にようやくソ連は犯罪を認めた。スターリンが命令書に署名したことも明らかになった。

　虐殺のシーンは映画を観ていても体が震えてしまう。でも、現実はそんなものではない。

　原作はアンジェイ・ムラルチクの『死後』、集英社文庫から日本語訳が出ている。

　監督は厳密にはワイダではない。ワイダは監修の立場だ。（ナト）

残像

アンジェイ・ワイダの遺作。
政治は芸術と人生を消してしまう。

アンジェイ・ワイダ監督作品
2016年　ポーランド　日本公開2017年　98分

大学の校庭。丘の斜面を教授が転がる。学生たちも転がる。教授は片足がない。片手もない。戦争で失ったのだ。

教授が自宅のアトリエで絵を描こうとしていると、突然キャンバスが赤く染まる。窓を赤い布が覆ってしまったのだ。赤い布にはスターリンの肖像が描かれている。怒った教授は松葉杖で赤い布を切り裂いてしまう。教授は警察に連行される。が、教授は警察のお偉いさんの説得をはねのける。

ある日、国の文化大臣が大学で演説をする。教授はいやいやながら出席する。社会主義リアリズムを押しつける演説に教授は反論する。学生たちは教授に拍手する。

が、学生たちの作品展が襲撃される。展示されていた作品は破壊される。教授の作品も美術館から外される。

大学教授を解職され、芸術家協会から追放される。

もと妻で彫刻家が病死する。が、葬儀には誰も来ない。来たのは娘ニカだけだった。そのニカも迫害を受けていた。

ニカは教授の家に引っ越す。が、そこには大学の学生が愛人のように通ってくる。ニカは教授と学生の関係をきらって、学校の宿舎に戻る。

孤立した教授は市民権を取り上げられ、食糧の配給も受けられず、絵の具を買うこともできなくなる。プロパガンダ看板を描く仕事も奪われてしまう。

解説

ワイダ監督は 2016 年 10 月に亡くなった。90 歳だった。

1954 年に『世代』で長篇映画監督としてデビュー。28 歳だ。それ以来数々の問題作を発表し続けた。ポーランドの現代史に強く関わっての作品が多い。

遺作となった『残像』は、ポーランドに実在した抽象絵画の画家、ヴワディスワフ・ストゥシェミンスキ（1893-1952）の晩年の 4 年間を描いている。

ソ連の支配を受けていたポーランドの政権は、社会主義リアリズムの芸術を正統のものとして人々に強制する。それに抵抗する者、異議をとなえる者は弾圧される。芸術、表現活動は政権のプロパガンダではないと主張したストゥシェミンスキに、ワイダ監督は自分自身の主張と仕事を重ねたに違いない。

しかし、ワイダ監督はストゥシェミンスキを崇高で潔癖な芸術家としては描かなかった。どことなく高慢さを持つ男。慕ってくる女子学生を愛人にするだらしない教授。母を亡くして頼ってきた娘なのに、きちんと受け止められず導けない父親。そういうマイナス面をもワイダ監督は描いている。そのことで 1 人の人間としての芸術家を描こうとしたのだろう。

それにしても、1 人の人間を社会的に抹殺してしまう（生命そのものを奪ってしまう）権力の恐ろしさを鋭く描いているワイダ監督の強さに改めて感動してしまった。

教授を演じているのはボグスワフ・リンダといい、ポーランドで人気のある俳優だ。演じているというより、教授その人になりきっている。娘ニカ役はブロニスワヴァ・ザマホフスカで、メーデーのパレードに参加するシーン、父の遺体を見つめるシーンが印象的だ。

ジョージアの映画『懺悔』（テンギズ・アブラゼ監督作品　1984 年）もスターリンのような市長の街頭演説の最中に、アトリエの窓を閉めた画家と家族が抹殺されるという作品である。

芸術家の抹殺は外国だけではない。日本でも起きたことだ。（ナト）

アルジェの戦い

拷問と報復テロの応酬、
そして民衆蜂起へ。

ジッロ・ポンテコルヴォ監督作品
1966年　イタリア・アルジェリア
日本公開1967年　121分

　　　　アルジェリアは、1830年にフランスから武力侵略されて以来、130年にわたりヨーロッパ各地から送り込まれた入植者によって完全支配されていた。肥沃な土地も政治的権利も奪われたアラブ人を中心とする原住民は、度々抵抗するがその都度厳しく弾圧されてきた。

　映画は、陰惨な拷問で仲間の居場所を自白させられた男が、フランス軍の服を着せられ、フランス兵に囲まれ涙を流しながらカスバにあるアジトに案内させられるところから始まる。場面は切り替わり、それより6年遡った1954年のアルジェ。FLN（アルジェリア民族解放戦線）の声明が街頭放送から流れる。そんな中、賭けトランプをしていた青年アリは、警察につかまり投獄される。その5か月後、脱獄したアリは1人の少年からFLNの伝令を受け取る。アリは文字が読めないので少年に読んでもらう。伝令には、カスバにあるカフェの主人が警察のスパイで、彼から情報を得ている警察官を殺せと指示がある。指示通り街中で女から銃を受け取り警官に発砲するが実弾が入っていない。慌てて逃げ出したアリが女に詰め寄ると、指示を出したFLN幹部のジャファーの元に連れていかれる。ジャファーは、アリをFLNの同志にするために試したのだ。

　FLNの党員たちによるフランス兵の殺害や警備隊員たちへの襲撃、警官射殺事件が頻発する。それに対して、警察署長による住宅地域爆破の報復テロで、たくさんの市民が犠牲になる。権力側のテロに対して、民衆の抗議デモが始まる。街では軍による検問が厳しさを増し、FLNは監

視の目を潜り抜け、一般市民を装った女たちによる爆破テロを挙行する。フランス人が集まるレストランやカフェ、空港に爆薬を仕掛けるのだが、客の中の無邪気な子どもの笑顔などを目に止めると動揺は隠せない。それでも各所で時限爆弾が破裂して、犠牲者が次々と運び出される映像が、まるでドキュメンタリー映画のようなリアリティーで映し出される。

1957年1月10日、フランスは、ノルマンディー作戦や反ナチ・レジスタンスにも参加した、マチュー陸軍中佐が率いる空挺部隊をアルジェリアに送り込む。中佐は、あらゆる市民を尋問し、潜行するFLN組織の解明と幹部の殲滅を部下たちに指示する。1月28日、国連総会にアルジェリア問題が上程されたのに合わせ、この問題を全世界にアピールするためにFLNによる8日間のゼネストが実施される。中佐によるスト破りが熾烈さを加え、厳しい拷問を受けた男がFLN幹部の隠れ家を自白し、幹部が逮捕されたり自爆したり。スト最終日、国連ではアルジェリア独立支持が過半数を得られずに終わる。

そして冒頭の場面に。カスバのアジトの壁の中で身を潜めるアリたち最後に残ったFLNの活動家に、マチュー中佐はあちこちに爆弾を仕掛けて、多くの市民たちが見守る中で爆弾は炸裂する。それから3年後の1960年12月11日、アルジェリア全土で一斉に市民蜂起がおこるのだ。

アルジェリア戦争は、1962年3月に停戦協定が結ばれ、7月の住民投票で独立が成立する。まさに民衆の力により独立を勝ち取ったのだ。この映画は、奇跡的に生き残った地下指導者ヤセフ・サーディ（作中でジャファーを演じている）の記録をもとにして制作された。

植民地支配者フランスの、軍をバックにした目を覆わんばかりの拷問や、陰惨な暴力を目の当たりにすると、FLNのテロの必然性さえも理解できるのだ。今日の紛争地域でもテロは多様化しているが、それが侵略者や強権的支配者の暴力に対する対抗暴力としての側面を見落とすことはできない。50数年ぶりに見たのだが、テロを無くすにはその前提となる支配者の暴力の根絶が先行すると改めて思われた。そういう意味ではきわめて今日的な作品でもあるのだ。（野上暁）

タクシー運転手　約束は海を越えて

光州事件を取材した記者を
金浦空港に送りたい。

チャン・フン監督作品
2017年　韓国　日本公開2018年　137分

 ソウルのタクシー運転手マンソプ（ソン・ガンホ）が光州事件の取材にやってきたドイツ人記者を乗せ光州に向かう。一人で幼い娘を育てるマンソプは光州の状況を知り、早くソウルに戻りたかったが、徐々に使命感を持ち始める。きっかけになったのがドイツ人記者の通訳をしていた学生が戒厳軍に殺された事だ。光州での虐殺を伝えるには、交通遮断、道路封鎖、電話統制されている街を抜け出し、記者の撮ったフィルムを海外メディアに託すしか望みがなかった。撮った8mmフィルムをお菓子の缶の中に隠し、金浦空港から出国する記者の姿。最後の場面でドイツ人記者のモデルになったユルゲン・ヒュンツペーター記者の映像が流れ、実話に基づいた映画だったとわかる。

1979年10月に韓国大統領、パク・チョンヒが部下のKCIA部長に射殺された。翌日戒厳令が出される。12月にチョン・ドファンが軍事クーデターで実権を握る。1980年5月18日。光州市民の民主化デモに対し戒厳軍が暴力弾圧事件を起こす。165人が死亡、84名（450人という説もある）が行方不明となっている。1980年にキム・デジュンが光州民主化運動の首謀者とみなされ、1981年に死刑判決が確定し、2004年に再審無罪になる。私は当時、NHKニュースで市民が戒厳軍に暴力で鎮圧される映像を見たことを思い出した。あの映像もヒュンツペーター記者の撮影した映像だったのだろうか。

　その後、首謀者だったチョン・ドファン大統領が 1996 年に死刑判決。2002 年にノ・ムヒョン大統領になり、韓国では民主化が進む。2016 年 10 月には保守政権のパク・クネ大統領に対し、100 万人ろうそくデモが起きた。チャン監督をはじめ、当時の多くの学生はヒュンツペーター記者の映像を通して光州事件の実像を知る。その衝撃が大学生を民主化運動へ向かわせる原動力になったそうだ。

　2017 年 5 月に革新派のムン・ジェインが大統領となる。韓国の政治は長い軍事独裁政権から、民主政権、保守政権を経てやっと本物の革新政権を勝ち取ったように思える。今回、学生や市民たちが非暴力で勝ち取った民主化は、日本でも学ぶことが多い。今年はコロナウイルス対策で素早い対応をし、多くの国民に評価され、4 月の選挙で圧勝したムン・ジェイン大統領は益々民主化を進めるのだろう。日本ではムン・ジェインが「反日」だと宣伝されている。しかし私は彼が「反日」だとは思わない。ろうそくデモのときに掲げられたスローガンは「ABE　NO」だった。韓国人が「反日」というときの日本とは、「朝鮮半島を植民地支配した大日本帝国であり、その流れをくむ思考を指す」と思う。

　韓国の「反日」は今の日本政府に向けられている。日本政府は従軍慰安婦問題や徴用工問題でムン・ジェイン政権に対し対応を硬化させている。今後、日本政府は軸足を移していかなければならないだろう。

　報道によると、40 年たった今も戒厳軍の発砲の経緯や死者や行方不明者の真相は不明のままだという。デモを鎮圧した軍部は事件後も政権を握り続け、光州事件は「暴動」とされていた。自身も民主化運動で拘束された経験のあるムン・ジェイン大統領は、2017 年 5 月光州事件の記念行事で「発砲の真相と責任を必ず明らかにする」と語っている。事件を巡る保守と革新の分断はいっそう深まっているそうだ。調査はようやく本格化したばかりだ。

　しかし、済州島での 4.3 虐殺事件や光州事件を抱えながら着実に民主化に進む韓国はたくましい国だ。この作品も韓国市民のたくましさを良く伝えている。（フカ）

マルモイ　ことばあつめ

言葉を奪う・命がけで言葉を守る。
その重さを受け止めつつ、
笑って泣ける映画。

オム・ユナ監督・脚本作品
2019年　韓国　日本公開2020年　135分

物語　　　1940年代の京城（日本統治時代のソウル）。その日暮らしの
パンス（ユ・ヘジン）は、息子の授業料を払うためにジョンフ
ァン（ユン・ゲサン）のバッグを盗む。バッグの中に入っていたのは朝
鮮語の原稿だった。ジョンファンは朝鮮語学会の会長で、日本の統治下
で失われていく朝鮮語を守るため、各地の方言を集めて秘密で辞書を作
ろうとしていた。一方、読み書きのできないパンスは雑用係として雇わ
れるが、言葉を集めること自体が理解できない。けれど初めて文字を読
めるようになり、言葉集めに命をかける人たちの信念を知ってパンスは
変わっていく。ジョンファンたちは廃刊させられる「ハングル」最終刊
に広告を出して、読者から各地の方言を募集したが、一通も返事が来な
い。実際は山ほど届いていたのだが、廃棄するよう警察から命令された
のだ（心ある郵便局員が秘密で倉庫に保管）。

　辞書編纂の仲間ウチョルは、警察の上田（日本人）に、刑務所に収監
されている妻を釈放すると言われ、辞書の原稿の場所を明かしてしまう。
地下に隠した原稿は警察に全て押収され、連行された辞書編纂の中心人
物チョ先生は拷問を受けて亡くなる。が、万が一のことを考えチョ先生
が16万語を書き写して隠していたことが後に判明する。

　ジョンファンたちは一網打尽をねらう警察の目をかわし、パンスの働
いている映画館の終演後に公聴会を開催する。一方上田は、パンスの息
子ドクジンに拳銃をつきつけ公聴会の場所をつきとめ乗り込んでくる。

　原稿をカバンにつめて逃げ出したジョンファンは撃たれ、託されたパンスもまた警察に追いつめられ、郵便局の倉庫にカバンを投げ入れた後、銃殺される。第二次世界大戦で日本は敗戦。釈放されたジョンファンはついに朝鮮語辞典を完成させ、パンスの息子と娘に手渡しに行く。

　　　映画の中で、留学していたジョンファンが京城に帰ると、子どもたちは日本語を話していて、「朝鮮語、話せません」と言う。母国語を失うことの重大さがジョンファンのショックとともに表現されている印象的な場面だ。第二次世界大戦時、日本は朝鮮の人を「皇軍兵士」として兵役や徴用に駆り立てるために創氏改名や神社参拝、日本語教育をし、「皇民化」政策を実施した。学校での朝鮮語の時間全廃、各朝鮮語新聞・雑誌を廃刊、そして朝鮮語学会を弾圧しようと捏造したのが「朝鮮語学会事件（1942 年）」である。押収された辞書の原稿は、解放後にソウル駅前の運輸会社の倉庫から発見された。これは史実である。

　言葉を守る闘いは、今日まで脈々とつながる祖先の歴史、そしてなによりその地で生きる者の尊厳を守るためのものだ。「マルモイ（ことばあつめ）は 1 人の 10 歩より、10 人の 1 歩だ」という言葉にもそれが象徴されている。反対に言葉を奪うということは民族の歴史をなかったものにしようとすることなのだ。日本の「皇民化」政策の罪がどれほど重いのか、それだけでも私たちは知っておかなくてはと思う。アイヌの言葉が日本によって失われかけたことも忘れてはならない。

　深刻な題材なのにこの映画にはたくさんの笑いと涙がある。それは言葉が人びとの生きた生活につながることが意識して描かれているからだろう。オム・ユナの脚本、そして初監督もすばらしい（オム・ユナ脚本『タクシー運転手　約束は海を越えて』は 186 頁参照）。

　私は 1984 年、韓国・ソウルに児童劇の公演に行ったことがあり、演出家はすべて韓国語での公演を指示した。会館で働く 60 代くらいの男性が最終公演を迎える頃、突然日本語で話しかけてきた。それもぽつりと「日本にも娘さんがいたんだね」と。（リエ）

189

アンダーグラウンド

映像と音楽による現代の神話。
奇才クストリッツァが
消滅した自国ユーゴスラビアへ捧げる作品。

エミール・クストリッツァ監督作品
1995年　フランス・ドイツ・ハンガリー
日本公開1996年　171分

　　　狂騒のジプシー音楽映画であり、第2次大戦と旧ユーゴスラビ
　　　ア内戦を描く一大叙事映画であり、女優ナタリアをめぐるマルコ
とクロの三角関係の恋愛映画であり、過去の様々な映画イメージの引用
が万華鏡の如く埋め込まれたメタ映画の傑作でありながら、旧ユーゴ関
係者から絶賛と非難をともに受けざるを得ない問題作でもある。

　主人公マルコは相棒のクロとともに共産パルチザンに参加するが、ナ
チスからの退避を理由に、巨大な地下空間（アンダーグラウンド）にク
ロとその家族と自分の知恵遅れの弟イワンや仲間たちを騙して隔離し、
そこで武器を製造させる。マルコは地上世界に残り、ナチス将校の元愛
人の女優ナタリアをクロから略奪して結婚、終戦後チトーが大統領とな
った共産ユーゴスラビア政権の中枢で出世していく。一方、地下世界の
住人に対しては偽のラジオ放送を流して戦争継続を信じ込ませて武器製
造を続けさせ、戦車まで作れるレベルに達する。さらにマルコは権力強
化のため、クロをパルチザンで殉死した英雄だと宣揚するプロパガンダ
映画の製作を始める。

　その頃地下世界では、地下で生まれ育ったクロの息子ヨハン（彼はい
っさい地上世界を知らない）の結婚式が行われていた。ドンチャン騒ぎ
のさなか、製造中の戦車の砲弾が誤って発射されてしまい、それがきっ
かけで地下と地上がつながる。クロは地上に出ると自分が主人公の映画
撮影シーンに出くわし、そこにいたナチスドイツ役の俳優に対し戦闘を

開始する。このエピソードは東西冷戦の終結、チトー政権の崩壊を意味していると理解できる。さらに映画の世界ではローマやベルリンなどヨーロッパ都市をつなぐ巨大な地下道路が通じており、マルコはチトー政権崩壊後のユーゴ内戦の中で地下道路を利用して武器商人としてヨーロッパ世界で暗躍し続け、車椅子姿になりながらもアル中のナタリアとともに生き延びる。クロはいまだにユーゴ内戦の中で指揮官として戦闘を続けている。

現実と幻想が入り乱れ（実際の記録映像に主人公が埋め込まれた合成シーンが多数登場）、ドナウ川の黒とシャガールの花嫁の白のイメージが水中や空中で妖しく融合する。戦争という巨大な悲惨を、時空のねじれた怒涛の狂騒イメージのうちに神話的に描き尽くしている。

どの俳優も傑出しているが、ナタリア役ミリャナ・ヤコヴィッチの狂気と妖艶、希望と退廃の振れ幅の演技が超絶。ドイツ、ユーゴ、ソ連、セルビア、クロアチア、ボスニア、ヨーロッパと、その時代時代の権力に弄ばれながら生きざるを得ない欧州の火薬庫バルカン半島の歴史をナタリアが象徴している。強烈なジプシー音楽のビートに合わせ踊り狂うか、地下空間で別世界を生きるか、シャガールの幻想イメージに逃げるか、戦争に彩られた人類に逃げ道はない。

この映画において地下の通路はドナウ川そのもの。井戸を介してすべての水はドナウ川に通ずる。映画ラスト、ドナウ川に浮かぶ小島では生者も死者も集って宴が行われている。小島の形は旧ユーゴそのものだ。「苦痛と悲しみと喜びなしでは子どもたちにこう伝えられない。『昔あるところに国があった』と」

音楽：ゴラン・ブレゴヴィッチ、1995年カンヌ国際映画祭パルム・ドール賞。監督のエミール・クストリッツァは本作のほかに、『パパは出張中！』『ジプシーのとき』『アリゾナ・ドリーム』などがあるが、いずれも傑作であり強くオススメする。2018年の最新作では、『世界でいちばん貧しい大統領　愛と闘争の男、ホセ・ムヒカ』を撮っているのも興味深い。（h↑2）

青春残酷物語

日本のヌーベルバーグと評された
時代に抗う若者たちの暴走と無惨。

大島渚監督作品
1960年　日本　96分

物語　　ネオンの輝く夜の渋谷の交差点。高校生の真琴（桑野みゆき）
と陽子（森島亜樹）は、いつものように停車中の車の窓を叩き、
見知らぬ中年男に家まで送ってもらう。陽子が家の前で先に降り、1人
になった真琴は男から強引にホテルに連れ込まれそうになる。そこに通
りかかった大学生の清（川津祐介）が男を殴り倒し、警察へ突き出すと
言うと、男は金を出して車で去る。

　翌日、真琴は清と会う。2人の傍らをデモ隊が通り、そこに清の同級
生の姿が。お台場近くに出た2人はモーターボートに乗って木場に行き、
浮かんでいる材木の上で清は真琴を抱きしめようとするが激しく抵抗さ
れ、怒った清は真琴を海に突き落とす。溺れかけた真琴を助け上げた清
は、材木の上で真琴を強引に犯す。

　乱暴だが時代へのやり場のない憤りを抱く清に、真琴は次第に惹き付
けられ、姉の由紀（久我美子）が止めるのを振り切って同棲を始める。
金の無い2人は、出会った時のように自家用車に乗った中年男に真琴を
誘惑させ、ホテルに連れ込まれる前に清が現れ、男を脅して金をむしる。

　そのうち真琴が妊娠したのがわかり、清は肉体関係のある家庭教師先
の母親から堕胎のための金をもらって、工場街の診療所に行かせる。診
療所の医師（渡辺文雄）は、かつて社会変革を夢見て真琴の姉の由紀と
学生運動をしていた恋人同士だったのだ。

　度重なる2人の美人局のような恐喝が被害者から訴えられ、警察につ

かまって留置所に入れられる。２人は釈放されたものの、清はチンピラやくざたちのリンチに会い息絶え、真琴はナンパされた男の走行中の車から逃げようとして引きずられ無惨な死を迎える。

解説　監督第１作の『愛と希望の街』（22 頁）が、興行的に不評だったのだが、評論家には支持され、同僚たちの支援もあって第２作に挑む。

反安保闘争が全国的に盛り上がった政治の季節を背景に、時代への鬱屈を性と暴力で屹立させ、その無惨な敗北を象徴的に映像化したこの作品は、連日デモ隊が国会周辺を埋め尽くした 1960 年６月３日に封切られる。

テーマはもちろん、ドキュメンタリータッチのカメラワークや鮮烈な映像表現から、日本のヌーベルバーグと評価され興行的にも成功して、大島は引き続き『太陽の墓場』を８月に、『日本の夜と霧』を 10 月にと、立て続けに３本も撮る人気監督に遡上する。

ここでは真琴と清らの青春と、真琴の姉の由紀とかつての恋人秋本の青春が対比的に描かれる。秋本の診療所を訪れた由紀と、隣の部屋で中絶した真琴に付き添う清のそれぞれの会話から、世代的断絶も浮かび上がるのだ。由紀は「あなたは診察鞄を持ち、私は紙芝居を持って町を廻り、世の中を変えるって力んでた２人のなれの果て」と自嘲的に言う。秋本は、「当時俺たちはお互いの体に手も触れないほど厳しく世の中の歪みに対立しながら青春の怒りをぶつけてきた。そこにも歪みが入ってきて、お互いに傷つけ別れ敗北しなきゃならなかった。君の妹たちは、俺たちとは逆に欲望を全部貫くという形で世の中に怒りをぶつけている。でもそれだって、子どもを下さなければならないようなことの積み重ねで歪み壊れていく」と応じる。

それを隣室で聞いていた清は「壊れない」と怒鳴り、真琴と食べようと２つ持ってきたリンゴの１つを取り出し、まるで痛みをかみしめるかのように黙々とかじり続けるのだ。（野上暁）

日本の夜と霧

60年反安保闘争の渦中で構想された
戦後の左翼運動の内実に迫る
ディスカッションドラマ。

大島渚監督作品
1960年　日本　107分

物語

　　　タイトルバックから、カメラは霧の立ち込める庭を移動し、
　　　60年安保闘争で知り合った野沢晴明（渡辺文雄）と原田玲子（桑
野みゆき）の結婚式場に入っていく。6月15日、太田（津川雅彦）は
国会前デモで負傷した玲子と北見（味岡亨）を、新聞記者の野沢の車を
止めて病院に運んでもらう。これが縁で、歳の離れた野沢と玲子が結ば
れたいきさつを、仲人の宇田川助教授（芥川比呂志）がスピーチしてい
る。カメラは新郎新婦をアップした後、会場をなめるように左に移動し、
野沢の友人の東浦（戸浦六宏）と坂巻（佐藤慶）の不服そうな顔をとら
え、再び正面に戻って次は右にパンすると司会者の中山（吉沢京夫）と
妻の美佐子（小山明子）がアップされる。ここに国会乱入と公務執行妨
害で指名手配中の太田が現れ、玲子といっしょに入院していた北見が、
傷も癒えぬのに病院を抜け出し国会前に向かったまま消息を絶った責任
を、彼をデモに誘った玲子に問う。そこに招待もされていない野沢の旧
友の宅見（速水一郎）が入ってきて、自ら命を絶った高尾（左近允宏）
の死の真相を語り始めた。舞台は破防法闘争（1952年）の頃の大学学
生寮。共産党中央からの武装闘争方針に忠実な中山や野沢と、党の方針
やその転換に懐疑的な宅見や坂巻や東浦や高尾。霧の深い夜、寮に忍び
込んだ若い男を逃がしたと疑われたと高尾は、スパイとして中山らに査
問委員会にかけられ、中山と美佐子の結婚式の夜、自殺した。高尾の死
の真相が明るみに出るにつれ、野沢と美佐子の当時の関係まで暴露され、

党の運動方針をめぐって様々な過去と現在があぶりだされる。北見の行方を気遣って式場を飛び出した玲子を太田が追い、そこで太田は逮捕される。学生たちは太田逮捕を仲間に知らせに外に出る。中山は統一と団結を乱す無謀なデモは人民の敵であると、党の方針に沿った教条的な演説を延々と続け、カメラは中山から離れ庭の夜と霧の中に……。

この作品は、大島が『太陽の墓場』の脚本を神楽坂の旅館で書いていた6月15日の夜、共同執筆の石堂淑朗らと宿を抜け出し、一晩中デモに参加して歩き回っているときに構想されたという。大島は京都大学で、石堂は東大で、破防法反対闘争や血のメーデーの時代に学生運動に参加し、火炎瓶闘争に象徴される極左冒険主義から、歌声運動の大衆化路線へと急展開する共産党の方針をつぶさに体験してきた。60年当時もまた、大衆運動をめぐって、安保全学連主流派と共産党の確執はそのまま尾を引いていた。

反安保闘争の高揚とその敗北を目の当たりにした大島は、闘争の中核を担った全学連に寄り添い、日本共産党の権威主義的な運動への批判を濃厚に映し出している。作中の中山は、党の方針を疑うことなく鵜呑みにしてそれを強権的に押し付けるスターリン主義者そのものだ。大島はこの作品を何とか1960年中に封切りたいと思い、そのため、台詞の言い間違いも無視して、冒頭から1シーン1カットという超長回しの大胆な手法を使った。それがディスカッションドラマに、迫力とリアリティーをもたらした。

こうして11月9日に封切られたが、12日に突然上映中止となる。この日、浅沼稲次郎社会党委員長が、右翼の少年に刺殺されたのと関係があったのか、しばらく上映されず、池袋の人生坐で再上映されたのが63年6月で、ぼくはその時に見た。当時、党のシンパとして機関紙「アカハタ」を定期購読していたが、トロツキストの悪宣伝だとか、人生坐の支配人は右翼だとか大々的に批判していたのに違和感を抱き、それがきっかけで購読も支持も辞めたのを思い出した。（野上暁）

三里塚のイカロス The Fall of Icarus：Narita Stories

農地を勝手に奪う国家と
人生をかけて闘った人たち。

代島治彦監督作品
2017年　日本　138分

　　　　国家というのは残酷なことをする、というのが第一印象だ。
1966年7月4日、佐藤内閣は新東京国際空港を三里塚に建設することを閣議決定した。地元農民は空港反対同盟を結成する。東京オリンピックから2年。ビートルズが来日した頃だ。全国の大学では全学ストライキや闘争が激化してきた。そんな中、「空港粉砕総決起集会」に初めて全学連が参加した。

　三里塚の農民運動家、加瀬勉さんは「一番びっくりしたのはね、命がけで我々のために闘ってくれる人がはじめて現れた、すなわち、血を流してまでもね。農民を助けてくれた人っていないわけですよ。歴史の中に。そういう意味では、えらい待遇しましたよ。歓迎しましたね。それは」と語る。

　この映画には三里塚の農民や農民を支えた若者たちが多く登場する。時代は70年安保を迎え、よど号ハイジャック事件。内ゲバによる初の殺人。1971年、連合赤軍結成。赤衛隊による朝霞自衛官殺人事件。新宿伊勢丹前の交番爆破。1972年、連合赤軍、あさま山荘銃撃戦リンチ大量殺人（16人）が発覚。アラブ赤軍によるテルアビブ空港での銃乱射事件。ベ平連の解散など運動が収束を迎えていた。

　三里塚では強制代執行が次々に行われた。反対同盟は家族ぐるみで砦に立てこもり、多くの逮捕者・負傷者を出した。何人もの方々が自殺した。この映画の中には大学を中退し、地元農民と結婚し40年以上も反

対運動を行ってきた方が何人も登場する。人生をかけて反対闘争を行うという覚悟がすごい。

　この映画に登場する吉田さんは「71年2月にTVで強制代執行阻止闘争を見て、居ても立ってもいられんで、3月1日から入ったかな、ここに。TV報道で、それこそ婦人行動隊が鎖で自分しばってっていうのとか、少年行動隊とか見て、ほんま居ても立ってもいられん。穴掘り現場闘争の決めせりふは、この穴はベトナムに通じているってやつよ」と語る。吉田さんは穴掘り現場闘争中に落盤事故に遭い、今は下半身不随。車椅子生活だ。

　1983年に反対同盟が北原派と熱田派に分裂した。この後、不幸なことにまた、中核派によるテロが起きた。中核派と核マル派に社青同解放派を加えた内ゲバが過激化し、1980年に終息するまで100名以上が死亡したという教訓が生かされなかった。

　このとき中核派の三里塚責任者だった岸宏一さんは「三里塚現地最高責任者であった私の所には襲撃することは知らされていなかった。党員が勝手に行った」と語っている。しかし、また、テロが起きたことで多くの支援者や活動家が運動から引いていったことは事実だろう。この後、移転を決めた農家も増えていった。

　東京から2時間もかかるような不便な所に国際空港を作るという失敗を現地の人たちや空港利用者に今でも押し付けている。成田・三里塚闘争で勝ったのは国家なのか。農民だったのか。負けたのは農民を助けた若者たちだったのか。この映画にはこの50年間の想いが詰め込まれている。

　国家の無策は現在も「原子力発電所の立地」や沖縄「辺野古」「高江」によく現れている。現地の民意を無視し、札束や機動隊の暴力で押し付けてくる構造は変わっていない。「地域の十分な理解なしでは事は進まない」ということ。また反対闘争を行う側も「あきらめず」「非暴力」を前面に出していくことが勝利の道であることをこの映画は語っていると思う。

　音楽家の大友良英を中心に坂田明のサックスやフリージャズセッションの緊張感あるBGMが映像を引き締めている。（フカ）

俺たちに明日はない

いたずらっ子のように銀行強盗を楽しみ
87発の銃弾をあびた2人。

アーサー・ペン監督作品
1967年　アメリカ　日本公開1968年　112分

物語　　ママの車を盗もうとしている男（ウォーレン・ベイティ）に
声をかけた女（フェイ・ダナウェイ）。2人は軽口を叩きながら
街に出かける。男は刑務所にいた、仕事は強盗だ、右足の指2本をオノ
で切ったと言う。コーラを立ち飲みすると、男は近くの店に強盗に入り、
路上の車を盗む。

　意気投合した2人。男はクライド、女はボニーと名乗る。ボニーはキ
スを迫るが、クライドは女は苦手と避ける。レストランで軽食をとると、
別の車を盗んで、農家の庭でピストルの練習。農夫が「この家は銀行に
担保に取られた」と言う。町で銀行に押し入るが、銀行員は「破産した」
とすましている。ボニーは大笑いだ。クライドは食料品を万引きしよう
として、逆に店主にやられそうになり、ボヤく。

　車の修理をしてくれた少年をクライドは仲間に誘う。少年はモスと名
乗る。次の銀行を襲う。モスが勝手に車を移動していたので、クライド
とボニーは逃げようとして銀行員を撃ってしまう。

　3人のところにクライドの兄夫婦が会いに来る。兄は脱獄因だ。5人
でミズリー州の家を借りる。ボニーは自作の詩を朗読していい気分にな
っている。そこに警察が来て銃撃戦になる。兄嫁はパニックを起こす。

　盗んだ新聞に自分たちのことが出ていると大喜びをする5人だが、警
察は凶悪犯としてきびしく追ってくる。

アメリカ・ニューシネマだ。

ハリウッド映画というと製作費が何千万ドルと誇示したり、肉体美を見せたり、濃厚なベッドシーン、大アクションを売りものにしたりするものと相場が決まっていた。

ところがこの作品はいたってさわやかである。刑期を終えたばかりの若い男と、ウェイトレスを仕事にしている若い女の気軽なロードムービーである。若い男は弾丸一箱しか持っていない。若い女はワンピース1枚を着ただけ。金もない。それなのに楽しそうに強盗をして、車を盗む。そして、逃げる。罪悪感は持たない。

時代は1930年代、大恐慌の最中だ。家を担保に取られた農夫、つぶれた銀行。男は女に「一流のホテルに流行のドレス」と誘うが、実は性的不能なのだ。刑務所の労役が辛いからと自分で足の指をオノで落としたのに翌週釈放というから気の毒になる。

でも高級車を次々と盗み、テキサスからミズーリ、オクラハマと逃げ回るのだから観客も明るい気分になる。カー・チェイスもあるが、追うパトカーが州を越えるとあっさり帰ったりと、軽いのがいい。

バンジョーの音も踊る気分にさせてくれる。

モスが胸にタトゥを入れ、父親が怒るシーンがあるが、字幕には「入れ墨」とある。70年前にはタトゥという言葉は一般化していなかったのだろうか。

原題は『Bonnie and Clyde』だ。それを『俺たちに明日はない』という題にした日本の配給会社はなかなかの知恵者だ。『突然炎のごとく』（Jules et Jim）、『雨のしのび逢い』（Moderate cantabile）、『雨の朝巴里に死す』（The Last Time I saw Paris）なども日本人好みのタイトルで成功しているが、『二十四時間の情事』（36頁参照）のように陳腐な題にして作品そのものが評価されなかったものもあるから、これも難しい仕事だ。（ナト）

ルンタ

不屈の精神で強大な権力に立ち向かう
チベットの人たち。

池谷薫監督作品
2015年　日本　111分

「ルンタ」とは、チベット語で「風の馬」という意味だ。天を駆け、人々の願いを仏や神々のもとに届けると信じられている。チベット焼身抗議自殺を描いたドキュメンタリー映画だ。チベットでは中国政府の圧政に対して自らに火を放ち抵抗を示す「焼身抗議自殺」が後を絶たない。2015年3月3日現在で141名のチベット人が焼身抗議自殺している。パンフから少し引用する。

「1949年、中華人民共和国を樹立した毛沢東は直ちにチベットに侵攻。2年後チベットは事実上中国の支配下に置かれた。1959年ダライラマ14世はインドのダラムサラに亡命。後を追うように約10万人のチベット人がヒマラヤを越えてインドやネパールに亡命した。2008年、北京オリンピックを目前に控えチベット全土でチベット独立の平和的デモが発生すると、中国政府は容赦のない弾圧を加え、ラサだけでも200人を越えるチベット人が命を奪われた。これによりチベット人の中国政府に対する不信感が高まり、今も増え続ける焼身抗議自殺の誘因となった。」

チベット人にとって、自分の体を焼いて灯明のようにして命を捧げる焼身抗議自殺が大事で、練炭自殺や首つり自殺や飛び込み自殺ではいけないそうだ。

インド北部のダラムサラに30年以上住み続け、亡命チベット人を支援する中原一博がいる。彼は焼身抗議自殺をここからブログで発信し続けている。池谷監督は25年前に彼と知り合い、準備を重ねてこの作品

を完成させた。抗議活動を行った青年僧、長い間監獄に入れられても信仰を守る老人、拷問を耐え抜いた元尼僧などの映像からチベット人の熱い思いが伝わってきた。

1989年3月。ラサで大規模な抗議行動が起き、戒厳令が5月まで続いた。2008年3月10日。トムセカン市場で僧侶がチベット国旗を掲げて抗議行動を行った。ラサの厳戒状況はこれ以来続いているそうだ。

2019年8月。1人でラサを旅した。私が今まで訪れた街の中で最も暴力的な警備体制の街だった。中国共産党政府は何に怯えているのだろうか。街角に立つ武装警官。厳しいセキュリティーチェック。

ガイドのチベット人は言う。「結婚はチベット人同士、漢人同士は普通にあるが、チベット人と漢人が結婚すると国から毎年10000元（約17万円）が支給される（5年間）」。これは少数民族チベット人の漢人化政策なのか。

「小学校では中国語で授業が行われ、チベット語は週に2時間。教員もほとんど漢人だ」。チベット語を滅ぼし漢化する。これはチベット文化を滅ぼす政策なのか。

「チベット人は1番が宗教。2番が仕事。中国政府の、西部大開発はチベット人には合わない」「チベット人によるチベット人のための仕事や企業を多く立ち上げるべきだ」とガイドは言う。五体投地をし、ラサの寺で祈る人々。お布施を求めて来る僧侶たち。これに応える人々も多い。確かに宗教が濃い。

中国では中国政府の夢を実現するため、反国家主義的分子を生み出さないように極端な監視体制が作られている。しかし、国民や観光客を監視しなければ維持できない国は、いずれ危機を迎えるだろう。少なくともチベットでの選挙を行い、チベット人の民意を国の政策に繋げるように制度を変えるべきだと思う。今は党からのトップダウンの政策のみ行われ、チベット人の民意は全く反映されていない。非暴力の焼身抗議自殺を続けるチベット人の誇り高い願いはいつ実現するのだろうか。ライフルを手にした武装警官を眺めながら思った。（フカ）

沈黙―サイレンス―

信仰を貫くのか。
転ぶのか。

マーティン・スコセッシ監督作品
2016年　アメリカ　日本公開2017年　162分

遠藤周作の『沈黙』を底本にした作品。
監督はマーティン・スコセッシ（『タクシー　ドライバー』『アフター・アワーズ』など作品多数）。
つまりこの映画は邦画ではなくアメリカ映画なのだ。
スコセッシは、シチリア系移民二世でニューヨークで生まれ育ったという。喘息持ちで外で遊べなかったので、幼少期の心のよりどころは教会と映画館だった。司祭になるつもりだった時期もあったとのこと。

師として尊敬していた司祭フェレイラが、日本で棄教し、さらには帰化したという……。その知らせを聞いたイエズス会の司祭ロドリゴと司祭ガルペは、キリスト教徒が弾圧され拷問にかけられている江戸時代の日本へと渡り、フェレイラを探すことになった。
なんという危険な試みだ。ただイエズス会には、日本での布教の今後を占う狙いもあったのではないか。
日本上陸後、熱心な信徒たちに匿われていたロドリゴたちだったが、やがて追われる身となり、ガルペは殉教し、ロドリゴは捕まり「転ぶ」ことを迫られる羽目に。そのとき奉行から「ロドリゴを転ばせろ」と派遣されたのが師のフェレイラだったのだ……。

「拷問される信者を救うのならば踏み絵を踏め！　踏まぬのなら信者

と同じ拷問を加える」という選択は私たちに、自らが信ずるということの中身はどれほどのものなのかと、ぎりぎり迫ってくる。観ること自体が苦しくなるほどだ。

結局、ロドリゴは踏むことになり、それも仕方ないことだよ、と思う一方、複雑な感情に捉われる。命を落とさなかったとしても、その後人が生きていく中で、自己の尊厳をどう保てばいいのか、そのことが問われるのだから。映画では、フェレイラの助手のような形で、その後のキリスト教弾圧に手を貸すロドリゴが……。哀しい、あまりにも哀しい光景だ。

この映画で、気になることはもう２つ。

１つは、登場人物キチジロー。この映画のトリックスターである。つねに卑怯に逃げまくり、しかもしたたかに生きていく。キチジローは、ロドリゴとの対比で弱い人間の極致として描かれており、唾棄すべき存在なのだが、ロドリゴに「告解を告解を」と何度も近づいてくる。そのあたり、その存在は否定しきれず憎めないヤツとも映ってしまうのだ。

そして気になることの２つ目は、フェレイラがロドリゴに伝えた「この地は沼だ。信仰が根付かない」というせりふだ。日本の特性、つまりこの国は外から来た文化をなんでも飲み込んでしまうという指摘。いわゆるすべてを"日本ふう"にしてしまうということ。そう、それって善し悪しを超えて、そのとおりなのだとうなずくばかり。

映画『沈黙―サイレンス―』、テーマはとても重たいのだが、観る者に相当力強く迫ってくる……。楽しいばかりが映画じゃない！　たまにはこんな映画に出会うのもよいのでは。（sige）

＊尚、1971年に日本映画『沈黙　SILENCE』（篠田正浩監督）という作品も発表されている。この作品では、遠藤周作自身も脚本に加わっている。

エロス＋虐殺

関東大震災の中で虐殺された伊藤野枝の
愛と自由と革命に賭けた生。

吉田喜重監督作品
1970年　日本　167分

物語　　女子学生の永子（伊井利子）が、関東大震災のさなかに大杉
栄と共に虐殺された伊藤野枝の忘れ形見、魔子（岡田茉莉子）
にインタビューしている。「お母さんが殺されたとき、魔子さんは7つ
でしたね。覚えていることを話してください！」。魔子は答えない。
〈1969年3月3日〉ホテルのベッドに裸で横たわる永子を中年カメラマ
ンの畝間（川辺久造）が執拗に愛撫している。傍らで全く関心を示さず
英字新聞を読みふける学生風の男。　〈大正5年春3月〉桜の花びらの
中を、大杉栄（細川俊之）と伊藤野枝（岡田茉莉子）が歩いている。大
杉は「春三月縊り残され花に舞う」と、獄中から出され幸徳秋水ら同志
が処刑されたと知った時の心境を思う。野枝は親の決めた結婚から逃れ、
『青鞜』を創刊した平賀哀鳥（稲野和子）に旅費を送ってもらって新橋
駅に降りたった18歳の春を想起する。野枝は青鞜社の編集部員として
採用され、辻潤（高橋悦史）の妻となり二児を設けるのだが大杉に傾斜
していく。こうして1969年の永子たちと、大正期の大杉と野枝を取り
巻く人々を往還しながら、時代に抗う「生」と「性」の在り様を、登場
人物たちの会話を通してあぶりだすのだ。厳しい弾圧により社会主義運
動が行き詰った時代の大杉が、妻子を愛しながら新聞記者正岡逸子（楠
侑子）と野枝との恋愛関係を公然と同志たちに告げ、荒谷来村（坂口芳
貞）はそれを批判する。そして葉山海岸の日陰茶屋に滞在中の大杉と野
枝のところに短刀を持った逸子が踏み込んで刃傷沙汰になるのだ。

〈大正12年9月末日・麹町憲兵隊本部〉大杉、野枝の遺体の間に運命を共にした橘宗一少年の遺体が。そこに「野枝さん、あなたたちを虐殺したものが本当は何であったのか…わりますか」と永子の声がかぶる。

解説 　吉田喜重は、1960年に『ろくでなし』で監督デビューし、大島渚や篠田正浩らとともに松竹ヌーヴェルヴァーグの旗手と目された。6作目の『日本脱出』（1964年）のラストシーンが勝手に削除されたことから松竹を離れ、「現代映画社」を設立。この作品は、同社とATG（アートシアターギルド）の提携作品で、脚本は吉田と山田正弘の共作である。大杉栄と伊藤野枝にスポットを当てた点では、瀬戸内寂聴の『美は乱調にあり』を想起させるが、当時存命中だった神近市子は正岡逸子、平塚らいてふは平賀哀鳥、荒畑寒村は荒谷来村の名で登場する。3時間30分を越す大作として1969年に完成したが、神近市子からプライバシー侵害問題で上映差し止めの訴えが出されると共に、ATGが長すぎることを理由に上映を拒否したため、吉田監督が2時間47分に再編集して翌70年に一般に公開された。

　60年代末は、若者たちの反乱が世界中で席巻し、日本でもベトナム反戦運動や反安保闘争、全共闘運動が燃え上がっていた。愛と自由と革命は、当時の若者たちにとって自らの生き方にもかかわる切実な問題でもあった。作中で野枝が大杉に言う。「家、古い因習にがんじがらめの家を捨てて飛び出したはずだったのに、気が付いたら私はその同じ家の中にいる自分を見出しました。……辻の家に」と、夫も子どもも捨てて大杉に愛を告白するのだが、大杉は「問題は家を出ることじゃない、家を出て何をやるかだ」と答える。『青鞜』にも飽き足らず、谷中村の悲劇にどう立ち向かうかを執拗に大杉に問い、愛と革命に生を燃焼させる野枝の熱情を、少女時代と娘の魔子役も含め、岡田茉莉子が見事に演じる。モノトーンの柔らかな表現に俯瞰とロングショットを随所に挟み込む独特の映像美で、見る者の「いま」にしなやかに問いかける美しくも重量感のある作品だ。（野上暁）

100年の俤　大逆事件は生きている

なぜこの事件を問い続けていくのか。
国家と司法、国家と人権、
国家と私たち……。

脚本　藤原智子　演出　田中啓
2012年　日本　90分

「100年」とは、大逆事件の検挙が始まった1910年から数えてのことである。映画は2006年に発見された管野須賀子（本名・スガ）の「針文字」の手紙から始まる。一見白紙に見える手紙を日に透かすと、針で開けた穴が文字となって浮かびあがる。幸徳秋水が「事件」に関与していないことを、管野は検閲の目を逃れ獄中から訴えたのだ。

刑法73条（1947年失効）は大逆罪を規定し、天皇やその近親に対して危害を加える行為を国家自体に対する反逆とみなし、企図しただけでも死刑に処される（「朴烈・文子事件」は『金子文子と朴烈』208頁）。政府は宮下太吉の缶詰爆弾実験を契機に、全国の社会主義者・無政府主義者を検挙。1911年、12名が絞首刑に、12名が無期懲役に処された。葬儀も許されず、遺族には特別高等警察（特高）による見張りがついた。

映画では犠牲者たちのゆかりの地を訪ね、彼らが何を考え、どう生きようとしていたかを明らかにするとともに、徳富蘆花、石川啄木、永井荷風など文学者たちの反応や、当時フランスで起こったドレフュス事件との対比を試みる。

管野須賀子は女性の権利拡張や反戦を訴え、内山愚童と高木顕明は共に僧侶で、貧困や部落差別に苦しむ門徒に向きあっていた。医師大石誠之助は非戦を訴え、貧しい人達に無料診療を行い、古河力作は足尾鉱毒事件に関心を持ち、花づくりを愛した。皆、日露戦争後の差別、貧困等の社会問題に立ち向かい、自由・平等・博愛の精神を持った人たちだったのだ。

　東京・代々木の正春寺では、毎年1月末に「大逆事件の真実をあきらかにする会」が開かれる。参加者は集会前にこの寺にある管野スガの墓と記念碑にお参りする。会の発足の趣意書で神崎清は「大逆事件は生きている。天皇の人間宣言、日本国憲法の主権在民、基本的人権、戦争放棄のなかに、虐殺された幸徳秋水らの理想が生きている。われわれは日本民主化の捨石となった先覚者の血文字を忘れないであろう」と述べている。会は1960年発足、1961年より再審請求運動が起こり、1967年に再審請求が棄却されて以来、再審を求めて勉強会を続けてきた。100年前の不正義を遺族以外の多くの人たちが正そうとしてきたのだ。

　私の父・堀切利高（元平民社資料センター代表、初期社会主義文学研究）も毎年この会に参加していた。会では新しく発掘された資料や研究への参加者の熱心な眼差しと、再会を喜ぶ温かい雰囲気が印象的だ。

　藤原智子監督は、大杉栄・伊藤野枝の4女の伊藤ルイの生涯をたどった『ルイズ　その旅立ち』でこの会とつながり、父もこの映画に出演している。関東大震災の中両親が虐殺された時1歳3カ月だったルイさんは、周囲の冷たい視線の中、野枝の実家で祖父母に育てられた。両親の虐殺の鑑定書を見て、父母の志を受け継ぎ、個人の自由と尊厳を守るための草の根の運動に生涯をささげた（大杉栄、伊藤野枝については『エロス＋虐殺』204頁も参照）。

　丸木位里・俊は、1989年に「大逆事件」の屏風を制作した（丸木美術館所蔵）。2010年神崎清『革命伝説 大逆事件』（全4巻、子どもの未来社）復刊、2013年、戯曲『太平洋食堂』（嶽本あゆ美脚本）東京初演、後に大阪・新宮でも上演。2014年内山愚童師顕彰碑建立、2018年、和歌山県新宮市市議会は大石誠之助を名誉市民と決定等々……。100年の間にはとても多くの人がこの事件に連なり、今も各地で犠牲者たちの思想的評価と人間性の回復、市民的復権の活動を脈々と受け継いでいる。
「孫子代まで語りつぐべし
　　人道のいくさに死ねる友のいさおし」　荒畑寒村

（リエ）

金子文子と朴烈(パクヨル)

愛と革命の夢を生き抜いた男女の、
実話に基づいて作られた感動の映画。

イ・ジュンイク監督作品
2017年　韓国　日本公開2019年　129分

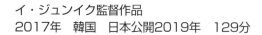　　すでに「大正デモクラシー」は終焉を迎え、ファシズムの足音
が聞こえ出した1923年東京。朝鮮半島は日本の植民地下にあり、
多くの朝鮮人の若者が日本に夢を求めて生活をしていた。その1人自称
アナーキストのパク・ヨル(イ・ジェフン)は車夫として、日本人乗客
の罵詈雑言を浴びながら、懸命に生きている。当時朝鮮人は「不逞朝鮮
人」のレッテルを貼られ、不条理な差別の只中にあった。しかし彼はこ
のレッテルを逆手に取り、仲間と「不逞社」を立ち上げリーダーとなる。
彼等の会合場所は朝鮮人に好意的な日本人が営む居酒屋。

　そこにパク・ヨル作の詩「犬コロ」を、日々愛唱している金子文子(チ
ェ・ヒソ)が会いに来た。

　文子は幼少期の7年間朝鮮半島で極貧生活を余儀なくされ、社会の矛
盾と欺瞞に目覚め、自分も同じ「犬ころ」だと思っている。そんな文子
はパク・ヨルと自らの思想の同一性を発見し、2人は結ばれてゆく。

　やがて同居したものの、その年の9月突如巨大地震が関東一円を襲
う。所謂「関東大震災」で都内は一瞬にして崩壊、被害額は当時の金額
で100兆円。政府はこの事態に右往左往し互いに責任を押し付け合い、
天皇陛下を守るとの名目で、戒厳令を発令する始末。何時の世も政治家
ほど頼りにならないものはないとの典型を見せ付けられる。所詮彼等は
「白く塗られた墓」なのだ。

　この災害に便乗して、「朝鮮人」が井戸に毒を投げ入れたとのデマを

政府は流す。デマはあっという間に流布。軍隊、警察、さらに「自警団」等々は正義の名のもとに暴走し、手当たり次第に朝鮮人を捕らえ大虐殺を繰り返す。その犯行は東京のみでなく、横浜その他の地方にも及び、犠牲者6000人とも言われている。中には朝鮮人と見間違えられた日本人や中国人もいた。

　政府は国民の不安と動揺を抑え込むため内務省が中心となって、「不逞朝鮮人」の摘発に乗り出す。当然「不逞社」も狙われ、パク・ヨルたちメンバーと金子文子も逮捕連行される。彼等が留置されている警察署には、大勢の日本人が押し寄せて一部は暴徒化し、口々に朝鮮人を罵るのだった。その時パク・ヨルは叫ぶ「朝鮮人で文句あるか」と。

　私も思わず言ってしまう。「人間で文句あるか」と。

　署内では彼等「不逞社」メンバーを「社会主義者」の犯罪者集団とすべく、苛酷な拷問を強いて容疑を認めさせようとするが、彼らは決して口を割らない。以前彼等は小型の爆弾を作り、威力を実験したことは事実だが、その結果はお粗末な花火程度。革命の本気度は疑わしく、青年期の1つのロマンに過ぎないものではなかったか。取り調べ担当の官憲はパク・ヨルを朝鮮名では決して呼ばない。あくまでも「朴烈」である。

　官憲は「不逞社」の犯罪を捏造、彼等を社会主義者と断定し、治安警察法違反で起訴するのである。取り調べの中で担当官が「神聖なる天皇」と言ったとたん、パクは反論する。「天皇は人間だ」　正に的を射た発言ではあったが、当局はこれを見逃すわけはなく、さらなる罪状への足掛かりにすべく記録することになる。

　パク・ヨルは同志を救うことと、日本における朝鮮人不当弾圧を、裁判を通し朝鮮半島と世界に知らしめることを念頭に、「不逞社」はアナーキスト集団であり、自分1人が爆弾製造に関わり、従って自分の単独犯行であると自供する。パク・ヨル極刑を目論む政府はこの自白を利用し、「皇太子暗殺計画」をでっち上げる。ところがこの直後に本物の皇太子暗殺未遂事件が起こる。しかも犯人はなんと日本人の難波大介。この時の官僚の狼狽振りといったら、私はニヤリとしてしまったのだ。

それから数日後、同志は釈放されるが、金子文子の勾留は継続する。当局の狙いは当初からこの２人に限定していたのだ。一方同志は日本人弁護士を立ててパク・ヨルと面会させる。

　減刑を模索する弁護士にパク・ヨルは、「死刑を恐れて口を閉ざすことはできない」と毅然とした態度で述べ、この場面はまるで「お前ならどうする」と私を挑発し糾弾しているかのようだ。パク・ヨルのこの強靭な精神は何処から来るのか。彼は裁判に臨むにあたり、法廷に於いては裁判官と自分の高さを同一にすべきと要求するが当然却下。今日もこの可笑しな慣習は引き継がれ、裁判官は高い場所から入廷し何故か一同起立する。法の下の平等が法廷内では法の不平等を演出しているのだ。

　パク・ヨル、金子文子は「大逆罪」で起訴され、２人は民族服を纏い朝鮮人代表として法廷に立つのだった。パク・ヨルは時には「犬」になり吠えまくり、一方の文子は知的に論理的に、日本の国家体制を痛烈に批判する。表現の違いこそあれ、「天皇制は民主主義を破壊する」、そして「民族を抑圧する者はやがて滅び行く、これは自然の哲理、自然の流れである」　これが２人の共通認識なのだ。やがて判決が下される。

　主文「朴烈、金子文子、刑法第73条により死刑に処する。」

　２人はこれを平然と受け入れるのであった。しかし朝鮮人民衆の離反を恐れた政府は、天皇による「恩赦」を画策して、無期懲役の減刑を言い渡す。だがしばらくして、金子文子は獄中で「自死」との報。金子文子の生き様からして、「自死」は有り得ない。恐らく国家権力による「謀殺」なのだ。その後パク・ヨルは22年間の獄中生活の後釈放され、朝鮮半島で波乱の生涯を閉じたのだった。

　金子文子著『何が私をこうさせたか──獄中手記』、瀬戸内寂聴著『余白の春──金子文子』、ブレイディみかこ著『女たちのテロル』（いずれも岩波書店刊）が参考になる。（nori）

熱中しました

剣と任侠

雄呂血
おろち

大スターの阪妻がみじめな侍を演じる。
まさに活動だ。

二川文太郎監督作品
1925年（大正14年）　日本　75分

物語　　享保（江戸中期）の頃、ある小藩に漢学塾があった。塾頭の
きょうほう
娘奈美江（環歌子）は城下一の美人といわれていて、久利富平
三郎（阪東妻三郎）も心を寄せていた。塾頭の誕生日の酒宴の席で家老
の伜が権勢をかさに傍若無人にふるまっていて、平三郎と暴力沙汰を起
せがれ
こしてしまう。門弟たちは平三郎が悪いと塾頭に言いつけ、平三郎は叱
責される。それを聞いた奈美江に乱暴者はきらいと言われてしまう。暴
力沙汰が伝わり、お上から閉門を言い渡されてしまう。

　ある夜、街中で、数人の侍が塾頭と奈美江の悪口を言っているのを聞
いてしまった平三郎は乱暴を働いてしまい、塾は破門になり、奈美江に
は絶交を言い渡される。奈美江には真実を知ってもらおうと月夜に塾に
行き、門弟たちに放り出されてしまい、その土地には住めなくなってし
まう。

　1年余り旅をして、城下に戻ってきた平三郎がある夜、料理屋の横に
たたずんでいると、2階から無礼を働かされる。玄関に行き女将を呼ぶ
と、女将はわずかな金で追おうとする。怒った平三郎は座敷に上がり込
む。が、捕手が来て、平三郎は縄をかけられる。集って来た人たちは、
ならず者、無頼の徒とののしる。
ぶらい　と

　入牢を終えて、ある夜、料理屋に行く。客と地回りが争ったので仲裁
に入るが、また捕まってしまう。

　脱獄した平三郎は、侠客のところに行く。侠客は若い夫婦者を助ける

212

ふりをして、女を奪おうと計略を立てていた。その女は奈美江だった。平三郎は侠客を切り殺す。

解説 阪妻の「雄呂血」である。ほとんど伝説になっている作品だ。無声映画でときどき台詞を書いた紙が映写される。文字どおり"字幕"である。弁士と楽団がついた上映もあっただろうが、私が観たのは、無声のものだった。それでも十分楽しめた。

ストーリーはとても単純だ。通俗的だ。

曲がったことがきらいな若い侍が、やることなすことが誤解され、塾を破門になり、藩からは閉門処分を受ける。片想いの女からは絶交を言われる。浪人となり戻ってくると誤解から捕われる。人々からはきらわれる。侠客が本当は悪人なのに自分が悪人にされてしまう。運が悪いのか、要領が悪いのか。

大正といえばデモクラシーのはずだ。でも庶民の間には理不尽なことがたくさんあり、不平等感も強かったに違いない。そこに阪妻が誤解と不運を背負ったみじめな役で出てくるのだから人々は興味を持ったことだろう。

おまけにラストの大立ち回りである。阪妻が歌舞伎メイクとカツラ姿で走り回り、追い詰められていく。捕手もすごい。大八車をぶつけて来る。十手、棍棒、鳶口、刺股、捕縄で襲う。屋根に登って瓦を投げる。対する平三郎はただ1人。御用提灯が取りかこむ（地方の城下町なのに、江戸火消しの3組の纏もある）。平三郎は闘い続ける。走り続ける。

結局は捕えられ、縄をかけられる。捕手の中には歌舞伎のように見得を切る者もいる。

引き立てられる平三郎に手を合わせる夫婦がいる。奈美江と夫である。この2人の姿に「わかってくれた」のだと安堵した観客も多かっただろう。

昔、映画は活動写真と言われた。本当に活動だと私は思った。

阪妻が作った独立プロの第2作である。（ナト）

大菩薩峠

果てもなき修羅の旅か。
主義も主張もなんにもないよ。

内田吐夢監督作品
1957年　日本　119分

物語　人の血に飢えているがゆえに次々と人を殺していくが、他方では自分が奪った命のうめき声にうなされ続ける。机龍之助（片岡千恵蔵）という謎の男の不可解な人斬り話から物語は始まる。

　孫娘を連れた老巡礼が大菩薩峠の頂上に立った時、近づいてきた机龍之助に理由もなく斬り殺される。武州御岳神社の奉納試合で、地元の名人宇津木文之丞の相手となったのは机龍之助。文之丞は妻のお浜が前夜、龍之助に凌辱されたことを知って、殺気をはらんだ遺恨試合の様相となり、龍之助の木刀を受けて命を落とす。

　文之丞の妻お浜は仇である龍之助を誘惑して江戸へ逃げ、郁太郎という子までもうけていながら最後は龍之助に殺される。文之丞の弟、宇津木兵馬（萬屋錦之介）は兄の仇を討とうと、まずは当代随一の武道家島田道場の門下となって武芸を磨く。

　仇を探し続ける兵馬だが互いに顔を知らないし、龍之助は偽名を使っているのですれ違いの「ニアミス」にも気がつかない。

　青梅、江戸、京都、紀州龍神と、龍之助の移動の後を兵馬が追う。まるでロードムービーだ。派生するエピソードが多くて物語の流れを見失いそうになるが、この第1部のテーマは兵馬の仇討である。巡礼の孫娘お松と兵馬の出会い、お松を助けたあと要所要所で現れてはお松の面倒を見続ける怪盗七兵衛、死んだお浜と瓜二つのお豊の登場など、複雑に絡み合いながら物語は進む。

解説 　原作は文庫版で20冊の長大小説。3年かけて無理やり3本の映画に仕立て上げた。当たり前のことながら映画は小説とは別物で独立した芸術作品だ。だが中里介山はそうは考えず、自分の意図とは違う展開をすることに抵抗してしばしば映画会社と対立したらしい。しかし、内田監督版の映画が作られたのは介山没後13年たってのことだった。これを念頭に置きつつこの映画を楽しむ上での留意点を私なりにまとめてみた。

(1) 小説「大菩薩峠」にはもともと中心となるいわゆる主人公はいない。この特徴を反映して映画にもすぐわかるような主人公はいない。

(2) 善玉と悪玉を対比させて緊張感を盛り上げる手法はとっていない。

(3) 作品全体の主題というものは探さない方がよい。

(4) 大きな主題のもとにストーリー展開がされるというよりは小さな断片的なエピソードの連続で作品ができている。

(5) そうはいっても映画には起承転結がほしいし、ストーリーには盛り上がりや結末がほしいからそのように作ってある。原作とは比較しない方がいいのだ。

(6) 映画では説明不足でわかりにくい箇所がいくつもあるが、細かいことは気にせず、漠然とわかればいいと受け入れるのがよさそうだ。1つだけ例をあげると、龍之助が一時属した新徴組が、敵対関係にはない島田虎之助をなぜ闇討ちにしたのか？　これは単なる人違いだったのだが説明はない。

(7) 小説では説明がないため読者の解釈に委ねられていたことが映画ではわかりやすく展開されている例もある。例えば御岳神社の奉納試合で心乱れていたのは文之丞であり、遺恨試合にしたのは文之丞だと龍之助がお浜に教える場面がある。「我ら2人は悪縁だ」と龍之助が言ってお浜を激怒させるが、お浜と龍之助のどちらが誘惑したのか、映画の中では明らかにされているのがおもしろい。

　蛇足ながら第2部と第3部も、それぞれ独立した映画として観るべきものだろう。（ケイ）

椿三十郎

時代劇を変えた
リアルな服装と殺陣と斬殺音。
黒澤映画のヒット作。

黒澤明監督作品
1962年　日本　110分（白黒）

　　　林の中の古びたお堂。若侍たちが次席家老たちの汚職を暴き
藩政を正そうと密談している。城代家老は意見書をビリビリと
破ったが大目付は共に立とうと言った。やっぱり大目付は話がわかると
盛り上がっているところへ、奥の暗がりからあくびとため息を漏らしな
がらくたびれた身なりの浪人（三船敏郎）がのっそりと出てきて、「大
目付の話は眉唾だぜ」と水を差す。そして血気にはやる若侍たちの浅慮
を戒め、危うく大目付の手勢に一網打尽になるのを助けたところからこ
の物語は始まる。

　大目付菊井（清水将夫）・次席家老黒藤（志村喬）・竹林（藤原釜足）
たちは汚職を城代家老になすりつけて、屋敷を取り押さえたと高札に掲
げた。若侍たちと浪人・椿三十郎は家老屋敷に忍び込んで夫人と娘（入
江たか子・団令子）を助け出したが、城代の行方がわからない。隣が椿
屋敷と呼ばれる次席家老の家だと承知したうえで、２人を寺田（平田昭
彦）の家にかくまう。城代の行方を探るために大目付の片腕室戸半兵衛
（仲代達矢）を訪ねようとする三十郎。ところが、若侍たちは裏切るか
もしれないという保川（田中邦衛）派と信じる井坂（加山雄三）派に分
かれて仲間割れしそうになる……。

　　　原作は山本周五郎の『日日平安』。東宝側が『用心棒』の続編
を望んだため、原作の弱い主人公を強い三十郎にしたことで、

216

ほとんどの登場人物を始め立ち回りや最後の決闘まで、創作に近い脚本になったという。ストーリーは正の若侍側対邪の大目付側と構図がはっきりしていてわかりやすい。ここまではそれまでの東映や大映の時代劇と同じだ。ところが、そのあとの両者の知恵比べが二転三転するアイディアと緊迫感が文句なしにおもしろくドキドキさせられた。

　三十郎の殺陣がリアルで激しい。つるした肉を斬って創ったという斬殺音もリアルに聞こえるし、椿屋敷に残った敵を斬り殺すシーンは全員一太刀ずつ斬る凄まじさ。名高い最後の決闘シーン。勝負は一瞬で決まった。ビシュッという斬る音、噴き出す血潮。驚いた。自分が斬られたような気がしてピクッと体が動いた。剣道部だったから、映画館を出てからどうやって斬ったのか先輩と探り合った。三船敏郎も黒澤明も初めてだった。チャンバラとは違う時代劇を創ろうとした『七人の侍』を観たのは、ずっと後だった。

　映画史的には、黒澤監督が人間の手首を野良犬がくわえて走る（『用心棒』）とか斬殺音を出すとか血潮が噴き上げられるという「ショッキングな演出を加えたりして、残酷味を倍加させた。これらは多分にブラック・ユーモア的な演出だったのだが、これらが評判になると、たちまち残酷趣味の競争が流行した」と佐藤忠男は言う。『切腹』『上意討ち』（小林正樹）や『武士道残酷物語』（今井正）等の傑作やTV時代劇への影響なども生み出したが、凄惨さが際立つ時代劇は長くは続かず、まもなく任侠映画に取って代わられた。

　しかし、『椿三十郎』は決してリアルで凄惨な印象だけではない。若侍たちが金魚の糞のように三十郎の後についていくシーンは笑っちゃうし、捕らえられた侍（小林桂樹）や城代奥方と三十郎のからむシーンなどは、いい脚本をうまい役者が演じているなと感じる。椿が流れてきた時の若侍たちと母親の対称的態度にさえ微笑んでしまう。肩を揺すったり顎を撫でたりするしぐさなども含め、作品全体は残酷というよりはさりげないユーモアにあふれた時代活劇の印象が強く残る。（ビンジ）

幕末太陽傳

騒乱の世をおのれの才覚で
生き抜こうとする佐平次を
アクティブかつコメディタッチに描いた傑作。

川島雄三監督作品
1957年　日本　110分

　　　　時は明治が間近な幕末、所は遊女屋が軒を連ねる東海道最初の
　　　　宿場町品川。とはいってもチャンバラ時代劇とは全く別のセンス
で創られた作品。まず、タイトルバックになんと品川駅の線路や迫りく
るディーゼル機関車、京浜国道の自動車の群れが映し出される。カメラ
が品川橋通りの歓楽街に入っていき、ネオン看板「さがみホテル」が行
燈の「相模屋」に変わると、そこは幕末の遊女屋。長廊下に上がってく
る佐平次（フランキー堺）の調子のいい声が響き渡って、物語の始まり
始まり！　こんなカッコイイ出だしはなかなかない。

　佐平次は金もないのに、豪遊した後は掟破りの居残りを決めてきた男。
勘定を取りに来る若衆を口八丁手八丁でまるめこんで夜を明かし、予定
どおり店主夫婦（金子信雄・山岡久乃）に行燈部屋に放り込まれる。

　ところが、次の日から若衆より機敏に動いて酒は運ぶは客の機嫌は取
るは、鉢合わせした親子のもめごとまで解決して「居残りさん」と呼ば
れ重宝がられ、その度ごとにおひねりを稼ぐ。居残り浪人たちから部屋
代のカタに懐中時計を預かってくるに及んで店主と女将も大喜び。

　居残りならぬ居直りで厚かましいワルぶりよりも、口八丁手八丁で
要領よく乗り切ろうとする佐平次（太陽族？）から目が離せなくなる。
尻端折りしてヒョイヒョイと走り回る動きの軽やかさ、足で拾い上げた
浴衣を宙に放り上げて両腕を通して着る芸には拍手をしそうになった。
薄暗い行燈部屋で薬を調合する姿からは哀愁さえ感じる。フランキー堺、

一世一代の名演だ。『私は貝になりたい』（1959 年）よりずっといい。

　高杉晋作を中心とする尊王攘夷の浪人たちは御殿山の異人館焼き討ちを計画している。彼らを演じているのは若かりし頃の石原裕次郎、小林旭、二谷英明というのだから初々しい浪人たちだ（太陽族！）。両者は懐中時計を修理したり火薬玉と知らず炭団と混ぜたりしながら関係を濃くしていく。高杉と佐平次の対決シーンは見どころのひとつだが、佐平次のタンカは高杉を圧倒している。

　デビュー 2 年目の石原裕次郎は素の良さは出ているが、主役を食うまでのオーラはない（戦後最大級のヒーローになるのは 3 年目『嵐を呼ぶ男』の大ヒットからだ）。

　もうひとつの見どころは、こはる（南田洋子）とおそめ（左幸子）の大喧嘩。ふとした言い合いから始まった喧嘩は、罵り合いから肉弾戦になり縁側から中庭へ、さらに客が身を乗り出して見ている二階へと続く追っかけっこの迫力たるや！　俯瞰で撮ったカメラの見事さ。

　相模屋の放蕩息子徳三郎（梅野泰靖）と女中のおひさ（芦川いづみ）に駆け落ちの手助けを相談された佐平次。一方、高杉たちは異人館の絵図面が手に入らず、佐平次に頼みこむ。ふたつの頼まれごとに佐平次はどう対処するのか？　居残りからは抜け出せるのか？

　脚本は落語の「居残り佐平次」を柱に川島雄三、助監督今村昌平、田中啓一の 3 人で作ったとある。おそめと貸本屋金太のエピソードは「品川心中」、客の親子が鉢合わせするのは「三枚起請」、おひさと放蕩息子徳三郎の話は「文七元結」などを下敷きにして、佐平次と巧妙にからませているのがすごい。

　カメラもキレがいい。山田洋次監督にも落語を基にした『運が良けりゃ』（1966 年）等があるが映画の趣はかなり違う。川島作品は多種多様だが、『洲崎パラダイス 赤信号』、若尾文子を＜女優＞にした『女は二度生まれる』、『しとやかな獣』、森繁・フランキーの『喜劇 とんかつ一代』など秀作快作がたくさんある。（ビンジ）

昭和残侠伝　死んで貰います

待ってました、健さん！
あんな時代もありました。

マキノ雅弘監督作品
1970年　日本　92分

物語　　花田秀次郎（高倉健）は老舗料亭「喜楽」の長男だが、腹違いの妹のためには自分はいない方がいいと考え、グレたふりをして家を飛び出し渡世人の世界に身を沈める。父（加藤嘉）は事情を知らないまま病気で亡くなる。一人前のやくざとなった秀次郎が賭場でイカサマ師（山本麟一）を刺して受刑している間に、関東大震災がおこって妹は死に、継母（荒木道子）は失明する。窮地にある喜楽を支えているのは、板前の風間重吉（池部良）と近くに住む寺田親分（中村竹弥）だった。

　出所した秀次郎は実家に戻って喜楽を助けたい一心からカタギになり、正体を隠して板前として働くことになった。一方、7年前に新米博徒秀次郎と、芸者見習い幾江（藤純子）が出会っていることを知った重吉と寺田は、この2人が再会する場を仕組んだ。

　その頃、成り上がり博徒の駒井は寺田組のシマを横取りしようとしていざこざが絶えず、また、喜楽をも乗っ取ろうと狙っていた。そこで喜楽の主人であり、亡くなった娘の婿である武史が相場に手を出していることにつけ込んで金を貸し、その借金のカタに喜楽の権利書を取り上げた。それを買い戻すために駒井の所へ乗り込んだ寺田を闇討ちで殺す。堪忍袋の緒が切れた秀次郎は駒井を斬りに行く。幾江は秀次郎の腕に縋りついて「あたいは止めない、でも死なないで」と言って送る。途中から重吉も合流する。

解説　映画の「昭和残俠伝」を観ていなくても高倉健の歌う「唐獅子牡丹」を知っている人は多いだろう。この歌が巷に流れていた1970年前後はいわゆる70年安保の時代、学園紛争、全共闘時代であり、「昭和残俠伝」や「網走番外地」が繰り返し上映されていた映画館には、街頭デモで疲れた若者たちがたくさん繰り込んでいた。スクリーンに向かって要所要所で「健さん、行け！」「異議なし」「ナンセンス」の掛け声がかかり、拍手と笑い声でにぎやかな館内には不思議な連帯感が漂っていた。

　9本作られたこのシリーズの映画はどれをとっても性懲りもないワンパターン、最後は高倉健と池部良の殴り込みで終わる。オープニングと最後の道行場面に唐獅子牡丹の歌が流れる。任俠映画は歌舞伎を思わせる様式美を求めたので、ハラハラドキドキはしない。

　そんな中でこの「死んで貰います」にはマンネリ打破の意欲が見える。その1つは物語の展開に必然性の網が周到に巡らされていて、作り物であっても納得できる。殴り込みの前に、複雑に絡んだ伏線が1本になっていく。要するに脚本がよく練られているのだ。

　もう1つは悪玉の山本麟一の醸す賢さと人情味が見ものだ。「賭博にイカサマはつきものだ、こっちだって命がけだ」というセリフ。秀次郎にドスを向けた時に「殺すならあたいを殺してからにして」と割って入った幾江に負けて「いい女房を貰ったな、やくざにはもったいない」と引き下がる。寺田の親分を殺せと駒井が命じたのは権利書を奪って来いという命令でもあったのに、権利書は寺田の胸に置いたままにしたので命と引き換えに喜楽の店は守られた。

　このシリーズを作ったのは佐伯清、マキノ雅弘、山下耕作の3人。これらの映画作家を私は「名監督」ではなくて職人芸の「名人監督」と呼びたい。

　最後に私があげる任俠映画のベストは次の3本だ。

　①『総長賭博』②『花と龍』③『昭和残俠伝』のどれか1本。（ケイ）

いかがでしたか

　執筆者からいただいた原稿を読者よりも先に読めるというのが編集担当者の役得です。なるほどこの作品をこんなふうに観たのかとうなずいたり、私と同じような感想を持っていたのだなとにんまりしながら作業をさせていただきました。

　映画の話をするとどこででも誰とでも盛り上がるのですが、今回も同じでした。ほとんどの方が、指定の字数（見開き2頁）を越えていました。このことも書いておきたい。あのことにも触れたいと筆が走ってしまうのです。私の責任でバサバサと削りました。執筆者の中には、肝心なところを削りやがってと怒る人もいるかもしれませんがご容赦あれ。

　この本を読んでくださった方々、ありがとうございます。いかがでしたか。こんな作品があったのか、観たかったなぁと共感していただけたらうれしい。どうして市川雷蔵が入っていないのだ、オードリー・ヘップバーンは、マリリン・モンローは、『第三の男』は、『女ひとり大地を行く』は、なぜ『勝手にしやがれ』じゃなくて『気狂いピエロ』なんだ。『道』が入っていて『自転車泥棒』を入れないのはなぜなどと、ご意見もお小言もたくさんあるでしょう。ご返答できないことのほうが多いと思いますが、これは私ども『シニア映画館』の狙いなのです。皆さんに「私のシニア映画館」を持っていただけたらうれしいのです。

　東風の向坪美保さんには『港町』、アジアディスパッチの楠山忠之さんには『陸軍登戸研究所』、シネマ沖縄の知念さんには『よみがえる琉球芸能　江戸上り』のDVDを拝借しました。グループ現代の川井田博幸さんには『アイヌの結婚式』を会社の部屋で観させていただき、資料のことでもお世話になりました。『山中常盤』のDVDは彼方舎の佐藤斗久子さんがフィルムから焼きつけてくれました。『祖谷物語』のDVDはニコニコフィルムの倉田雄一朗さんに貸していただきました。ありがとうございました。

　野上暁さんには執筆の他、さまざまなアドバイスをいただきました。小林敏也さんには『ナトセンおすすめYA映画館』に続き、素敵な表紙をデザインしていただきました。子どもの未来社の堀切リエさん、加藤悦子さん、松田志津子さん、編集作業ありがとうございます。堀切さんには執筆もお願いしました。

　映画は監督一人の作品ではないとかねてから思っていましたが、この本もまたたくさんの人たちの合作です。ありがとうございます。

　読んで下さった方々、ありがとうございます。

2020年秋　　名取弘文

【執筆者プロフィール】（あいうえお順）

岩内博（いわうち・ひろし）
1947年生まれ。7歳の時東京へ。高校生まで東京タワーを見て過ごす。大学卒業後東京都の公立小学校教員を33年間勤めて退職。1年間のドイツ留学の後、「NPO法人東京賢治シュタイナー学校」の担任教師となり、今日まで半世紀の教員生活を続けている。現在は木工と8年の「日本蜜蜂」専科。

sige／佐藤滋（さとう・しげる）
1948年生まれ。児童書出版社の福音館書店に勤務していた頃には「母の友」と科学書の編集長職を体験した。現在、"犬と道連れ"で毎朝早朝に散歩をしている。

ビンジ／田中敏治（たなか・としはる）
1947年秋田県生まれ。元横浜市立中学校教員。横浜学校労働者組合（横校労）に所属し組合紙の編集等を行う。3.11以降は「ビキニふくしまプロジェクト」会員となり、朗読劇「ビキニ追われて」公演に参加。他に「劇団まよい熊」で「グッバイ死神」、「…memories」を公演。現在は「放課後バンド」にたむろ中。

nori／中橋紀男（なかはし・のりお）
1940年旧樺太（現サハリン）に生まれる。ヨーロッパブランド商品企画会社経営。現在演劇集団「劇団まよい熊」所属。横浜市在住。

ケイ／中村啓治（なかむら・けいじ）
1941年東京生まれ。5歳から21歳まで北海道旭川で過ごし、26歳から39年間、東京都立高校で社会科教師（政治経済、倫理、現代社会）の仕事に就いた。公務の傍ら、文部省の各種協力者委員を務めたほか、教科書や学習参考書執筆に携わった。多趣味の遊び人教師を許してくれた若者たちにありがとうを言い続けている。

野上暁（のがみ・あきら）
1943年生まれ。小学館に勤務し、『小学一年生』編集長、取締役、小学館クリエイティブ代表取締役社長などを歴任。日本ペンクラブ常務理事。JBBY副会長。東京純心大学こども学科客員教授。主著に『おもちゃと遊び』（現代書館）、『越境する児童文学』（長崎出版）、『子ども学　その源流へ』『子ども文化の現代史』（大月書店）など。

h↑2／羽生田栄一（はにゅうだ・えいいち）
ソフトウェア・エンジニア。オブジェクトとアジャイル、パターン・ランゲージとオープン・ダイアローグなどを通して、ITと社会・理系と人文社会の接点で新たなリベラルアーツのあり方を模索しながら活動中。物理と哲学、映画とまち歩きをこよなく愛する。技術士[情報工学]。

かわうそ／羽生田有紀（はにゅうだ・ゆき）
藍型染作家。江戸時代から続く紺屋に通い藍型染を製作。「かわうそ兄弟商會」の屋号で作品を展示、販売。核実験や原発事故による被害について学ぶ市民グループ「ビキニふくしまプロジェクト」に参加し、著書に写真絵本『ふるさとにかえりたい〜リミヨおばあちゃんとヒバクの島』（島田興生・写真／子どもの未来社）。

フカ／深澤裕（ふかざわ・ゆたか）
1953年、立川市富士見町に生まれる。立川第四小学校、立川第一中学校、都立三鷹高校、東京学芸大学卒業。1977年から2013年まで東京都の公立学校に勤務。現在は労働審判員として東京地方裁判所に所属している。

リエ／堀切リエ（ほりきり・りえ）
1959年千葉県市川市生まれ。作家、編集者。著書に『伝記を読もう　田中正造』（あかね書房）、『非暴力の人物伝　ガンジー・阿波根昌鴻』（大月書店）、『日本の伝説　きんたろう』（厚生労働省児童福祉文化財、いしいつとむ絵、子どもの未来社）、戯曲に『イエンナルイエンナレ　韓国むかしむかし』（アート企画陽だまり）など。

ハチ／松田悠八（まつだ・ゆうはち）
1940年岐阜市生まれ。大学卒業後出版社勤務を経てフリー編集者に。主な書籍企画として『絵本パパラギ』（構成／和田誠）、『海からの贈りもの』（AMリンドバーグ著／落合恵子訳）、『アレクセイと泉のはなし』（写真と文／本橋成一）等。処女作『長良川スタンドバイミー1950』で小島信夫文学賞受賞。

Sora／山本理（やまもと・おさむ）
1951年北海道生まれ。横浜市で小学校教員として30数年真面目に働く。定年後は、時々役者、たま〜にラッパーとなって楽しんでいる。

ナト／名取 弘文 (なとり・ひろふみ)

1945年東京都荒川区生まれ。早稲田大学文学部卒業。藤沢市立鵠沼小学校などに小学校教諭として勤務し、途中から家庭科専科となる。様々なゲストを呼んでの公開授業など、ユニークな教育実践で知られる。2007年退職。退職後は「おもしろ学校理事長」を名乗り各地で出前授業をしている。
主な著書に『おもしろ学校の日々』(教育出版)、『おもしろ学校開校記念日 ─ 好学心とエントロピー』(有斐閣)、『教室から世界へ飛びたとう ─ おもしろ学校の特別授業』(筑摩書房)、『こどものけんり』(雲母書房)、『子ども百面相』(パロル舎)、『シネマの子どもに誘われて』(現代書館)、『ナトセンおすすめ YA 映画館』(子どもの未来社)など。映画・TV に「おもしろ学校のいち日 名取弘文の公開授業」(制作・監督 西山正啓)がある。

装 丁	小林 敏也
本文デザイン・DTP	松田志津子
編 集	堀切リエ、加藤悦子

ナトセンおすすめ **シニア映画館**

2020 年 12 月 4 日　第 1 刷印刷
2020 年 12 月 4 日　第 1 刷発行

編著者	名取 弘文
発行者	奥川 隆
発行所	**子どもの未来社**

〒 113-0033 東京都文京区本郷 3-26-1-4 F
TEL 03-3830-0027　FAX 03-3830-0028
E-mail：co-mirai@f8.dion.ne.jp
http://comirai.shop12.makeshop.jp/

振 替　00150-1-553485

印刷・製本　中央精版印刷株式会社

©2020　Natori Hirohumi Printed in Japan
＊乱丁・落丁の際はお取り替えいたします。
＊本書の全部または一部の無断での複写(コピー)・複製・転訳載および磁気または光記録媒体への入力等を禁じます。複写を希望される場合は、小社著作権管理部にご連絡ください。
ISBN978-4-86412-187-3　C0074　NDC778